そうだったんだ! 日本語

子どものうそ、大人の皮肉

ことばのオモテとウラがわかるには

そうだったんだ! 日本語

子どものうそ、大人の皮肉

ことばのオモテとウラがわかるには

松井智子

岩波書店

編者
井上　優
金水　敏
窪薗晴夫
渋谷勝己

装丁＝後藤葉子
カバーイラスト＝佐藤香苗
本文イラスト＝飯箸　薫

はじめに――コミュニケーションに関心のあるすべての方へ

就職活動まっただ中の学生から、「コミュ力」とは何なのかわからないという相談を受けることがあります。このことばは、就職活動のキーワードになりつつあるようです。アメリカでも仕事をうまくやっていくには、知識や技術といった「ハードスキル」に加えて、コミュニケーションや共感、動機といった「ソフトスキル」が不可欠であるという考え方が広まっています。社会人になろうとする大学生が、就職活動をきっかけに、奮起してコミュニケーション能力を伸ばそうとするのは大変良いことだと思いますが、私のところに相談に訪れた学生を含めて、「コミュ力」ということばが実際のところ何を指すのかよくわからないという人は多いのではないでしょうか。

でも、心配はご無用です。「コミュ力」が何なのかよくわからなくても、私たちはたいてい日常的に何らかの会話をしています。メールでの会話も多いでしょう。毎日当たり前のようにしているこの会話、進化の視点から見るとじつはなかなかすごいことなのです。他の動物にはない、人間だけがもっている認知能力が会話を可能にしているからです。ことばを使ったり理解したりする能力と、心を理解する能力です。これらの能力は、私たちの脳に生まれつき組み込まれていると考えられています。

「コミュ力」といわれると特別なもののように聞こえますが、会話を含めたすべての言語コミュニケーションの基盤になっているのは誰もがもっていることばと心を理解する能力です。もちろんことばを使ったり理解したりすることが得意な人もいれば、苦手な人もいます。また気持ちを伝えたり、察したりすることが上手な人、下手な人もいるでしょう。ただ個人差はあっても、基本的な会話力は、日常会話をしているすべての人に備わっています。

本書はこの基本的な会話力とはどういうものなのかについて、実際の会話例や心理実験の結果を通してわかりやすく説明しようとするものです。もっと上手に会話ができるようになりたいと思う人は、やみくもに努力するよりも、自分が潜在的にもっている会話の力というものを正しく知ることが近道になるはずです。その上でそれをもっとうまく使うために何をすべきかを考えればよいのです。でも日常会話という、自分が無意識にやっていることを客観的に把握することは至難の業といえます。そこで本書を役立てていただきたいと思います。

本書では、幼少期にまず発達する「話を聞いて理解する力」に焦点があてられています。最終章まで読んでいただければ、「話を聞いて理解する力」が伸びると、会話力の別の側面である「相手にわかるように話す力」もおのずと向上するということがおわかりいただけるかと思います。本書が描く会話力をてっとり早く知りたい読者の方には、最終章の第六章から読むことをお勧めします。

本書の構成を紹介します。前半では、この能力が幼少期からどのように発達するのかということと、発達障害によってそれらの能力の成長が妨げられた場合にどのような困難が生じるのかを考えることを通して、会話力とは何かを探ります。第一章では、大人相手にようやく会話ができるようになる3歳児の会話力を見ていきます。3歳児の話すことは大人の目から見るととてもおもしろいのですが、3歳児どうしだとほとんど会話になりません。まだ自分の視点でしか会話のことばを理解できないからです。大人もうっかりすると、相手の視点に立つことを忘れ、3歳児と同じような自分勝手な解釈をしていることがあります。そこで大人の鏡として3歳児の会話の特徴をとらえ、大人も陥る失敗のメカニズムを考えていきます。

会話を通して相手の意図や考えていることを的確に理解できるようになるのは4歳以降です。第二章では、単純なうそを理解しはじめる4歳から、皮肉がわかるようになる9歳くらいまでの間の発達について見ていきます。他者の心を理解する力が飛躍的に伸びるこの時期は、大人の会話力の基盤ができる重要な時期と見なされます。ただ、うそや皮肉を理解することは大人にとっても決して容易ではありません。それはなぜかについても考えてみます。

会話における意図の理解が困難である場合、その原因が発達障害である可能性もあります。第三章では、高い言語能力がありながら、語用障害ともよばれる発達障害をもつ人たちの手記を通して、会話の本質をとらえたいと思います。

後半は、会話が成功するためには何が重要なのかについて、いくつかの要素に分けて考えていきます。第四章では、会話で使われることばがどのように理解されるかを豊富な例を提示しながら説明します。ことばにはオモテとウラがあることと、文脈がことばの理解に深くかかわっていることがおわかりいただけると思います。

第五章では、聞き手が話し手の意図を理解するプロセスを取り上げます。第四章で見るように、文脈は会話のことばの理解に不可欠ですが、聞き手が文脈を選び損ねて誤解につながる可能性は常にあります。それなのにほとんどの会話で、聞き手が話し手の意図した文脈だけを選ぶことができるのはなぜなのか、考えてみます。また聞き手は無意識に、自分の処理資源を無駄使いしないような解釈を選ぶ傾向がありますが、そのことはあまり知られていません。そのしくみも詳しく見ていきます。

第六章では、第五章で見る聞き手の特徴をふまえ、話し手の側がどんな工夫をすれば会話が成功するかについて考えます。相手の心をつかむことに加えて、自分の癖を正しく知っておくことが肝要です。

筆者は語用論という言語コミュニケーションのメカニズムを研究する仕事をしてきました。理論的な研究からスタートしましたが、近年はコミュニケーション能力がどのように発達するかということと、コミュニケーションを困難にする発達障害がある場合にどのような支援や周囲の理解が必要かということに関心をもち、発達心理学の手法を用いて研究をしてきました。その結果を少しですが本書でもご紹介したいと思います。

残念ながら、コミュニケーションの研究をしていても、いつも上手に会話ができるというわけではありません。でも失敗したときに、なぜかを考える材料がたくさんあるので、それを次回に生かすことができます。とくに、執筆を始めたころに3歳になった息子との会話は、「なぜ」を考えるきっかけになりました。それで、本書には息子との会話が随所に出てきます。たいていは私が反省させられた失敗談です。他のお母さん(お父さん)たちも同じような経験をされているかなと思いながら、書きました。

「コミュ力」ということばが一人歩きしている一方で、それが何なのかをあらためて考えてみる時間も心の余裕もないという人は多いのではないかと思います。本書を手に取って、「少しゆっくりコミュニケーションについて考えてみようか」と思ってくださったとしたら、私にとっては何より嬉しいことです。

目　次

目　次

第一章　3歳児は大人の鏡

1　天才かと思えば……

3歳児のすごさ

3歳児の親にはそろって「うちの子は天才だ！」と思う瞬間があるらしい。個人的な経験だが、確かにあるときから急によく話せるようになったり、数がわかり始めたり、簡単な文字が読めるようになったりする3歳の息子の変化に驚かされることが少なからずある。

あるとき、ついカッとなって私が息子を怒鳴りつけたときの反応も印象的だった。ほんのしばらくのあいだ何も言わないので泣き出すのかと思いきや、おもむろに「ママ、ママは怒っちゃダメなんだよ。やさしいママがいいよ」と言うのである。やや大人びた声でそう言うので、「それもそうだ」と思わされ、怒る気持ちがそがれてしまった。また、私が息子のわがままを聞かないという態度を示したところ、「ママはきらいだよー、パパが好きだよー」と私の前で言い放ち、父親にすり寄っていったことも何度かある。もちろん父親と母親の態度が逆になると、それに応じた行動をとる。

息子のこういった反応が、無意識に出るものなのか、それとも3歳児にできる精一杯の策略なのかはわからない。ただいずれにしても、親の目から見ると、３歳児はあたかも大人の心を見透かして、揺さぶるようなことを言うようになる。それが２歳のころのあどけなさとはかけ離れているので、周りの大人は驚くとともに、成長の証のひとつととらえて感心もするのだろう。

３歳という時期は、ことばがだんだん豊富になってくるので、おそらく生まれて初めて話し相手を説得しようとする時期でもある。それが大人びた印象を与えることもあるだろう。「だって」とか「だから」といった接続詞や、「〜(だ)から」「〜(だ)もん」といった文末表現を駆使して、必ずしも筋は通っていないものの、一応の説明を試みる。私の息子も、よくこうした表現を使って話している。

先日も、夕食が終わって、息子の相手もせずコンピューターに向かっていたら、私の手をかなり強く引いて隣の部屋に連れていき、自分が並べたミニカーの前に座らせ、「ママはぼくのママなんだから、ぼくの顔をちゃんと見てなきゃダメだよ。ぼく、遊んでいるんだから」と言った。「ぼくの顔をちゃんと見て」というところは、母親としてドキッそしてキュンとさせられる一言だった。それ以降、どんなに忙しくても、毎日少しは一緒に遊ぼうと心がけているので、息子の一言は説得力があったと言える。

やっぱり3歳児

このように見てくると、「天才」は言い過ぎとしても、「すごい」と思わされることの多い3歳児ではある。その一方で、まだまだ小さな子どもなんだと思わされることも多い。たとえば、息子が携帯電話で祖母と話しているときに、自分の目の前にある絵本の登場人物を指して「これ、これがねー」と言って話を続けていたことがあった。そばで見ていた私は「相手に絵本が見えると思ってるのね」と苦笑い。スイスの心理学者ジャン・ピアジェは、3歳児の特徴は自己中心性であり、自分の視点からしか物事を理解することも表現することもできないと言った。まさにそのとおりだと思える瞬間である。

自分の視点からしか物事を理解できないという特徴は、3歳児がうそをつくことができないことや、うそをつかれたことが理解できないことにも通じる。多くの研究が示しているのは、3歳児は現実を理解することはできるが、大人のように非現実について思考することはできないということだ。うそをつくためには、現実には起こっていないことをあたかも起こったかのように考える能力が必要だが、3歳のころにはそのような能力はまだ十分に発達していない。うそをつかれてもわからないのもこのためである。他人をだます意図もまだ理解できない。

一方、3歳児は、困っている人を助けたり、泣いている人を慰めたり、悪いことをした人を叱ったりもする。まだまだ自分の欲求が先にくるので、自分のおもちゃを友達がさわるのはいやでも、年下の子どもには概してやさしく、お気に入りのおもちゃを貸してやったりすることもある。ヒーローが大好きで、悪者は懲らしめるものと思う子どもが多く、個人差はあれ子どもならではの単純明快な正義感が行動に表れ始めるころのようだ。

大人の鏡

このように3歳児というのは、天才でなくとも、発達的にかなりおもしろい年齢だ。もう決して赤ちゃんではなく、ことばも豊富になり大人や年上の子どもたちと会話することもできる。しかし徹底して物事をひとつの側面からしか見られないところは、大人だけでなく5歳児とも異なっている。

じつは大人であっても、物事をひとつの側面からしか見ておらず、しかもそのことに本人だけは気づかずにいることが少なくない。大人でも見事にだまされることがあるし、思ったことが伝わらず誤解されてしまうこともある。その意味では、3歳児は私たち大人を映す鏡であると言えるのかもしれない。

言語コミュニケーションは本来、複眼的な解釈を要するものだ。そう言われてすぐにはピンとこない人も、本書を読み進むうちにそういうことかと納得していただけると思う。単眼的な3歳児のコミュニケーションについて考えてみることは、大人もしばしば陥るコミュニケーションの問題の原因を探ることにもつながるはずだ。

そこでこの章では、3歳児の言語コミュニケーション能力の特徴を、ふたつの側面から考えてみたい。ひとつめは、話し手の情報の信頼性を、相手のことばや声の調子から正しく判断できるかどうかである。疑うべき情報を見分ける力は、聞き手としてのコミュニケーション能力の重要な側面だ。そしてその萌芽は3歳児のコミュニケーションにも見られる。もうひとつは、ことばのあいまいさを理解して相手にわかるように話したり、与えられた情報のあいまいさに気づいて、より正確な情報を求めることができるかどうかである。誤解を避けるために当然必要なことだが、3歳児にはまだそれができない。

3歳児は文字どおりではない表現を理解することも苦手だ。それについては次章で見ていくことにしよう。ことばの理解力は、話し手の意図や思考の理解とも密接なつながりがある。そうした理解と関係する心の発達についても次章でふれることにしよう。

2 自信たっぷりの他人を信頼する

自信のない話し方

人は自分の言っていることに自信がないとき、共通して、ある特徴をもった話し方をする。声が小さくなったり、話し方がゆっくりになったり、尻上がりになったりするのだ。視線が動いたり、表情や姿勢が変わったりすることもある。直接的にことばで「よくわからない」

ことを表現することもある。

たとえば雪が降り始めるのを見ながら、次のような会話が交わされたとしよう。このとき、傍線を引いた表現は、カッコ内の態度を表していると考えられる。

「積もるかな」（積もるかどうかわからない）

「たぶん積もるんじゃない」（確信はないが、積もる可能性を推定）

「そうだね、積もるかもね」（確信はないが、積もる可能性があることを認める）

今度は、近くにいた、雪に詳しい別のふたりが話しているのが聞こえてきたとしよう。

「この雪は積もるよ」（積もることを確信）

「でも、この雪なら積もっても、すぐに融けるはずだから大丈夫」（融けることを確信）

それを聞いた先ほどの二人の会話。

「雪、積もるんだって」（本人は直接の知識はなく、伝聞情報によることを示唆）

「積もるらしいね」（本人は直接の知識はなく、伝聞情報によることを示唆）

「でもすぐに融けるみたいだから、心配することないね」（確信はないが、融けることを推定）

このように、話し手が話している内容について確信をもっているのか、そうでもないのかを伝える表現は豊富にある。しかも使用頻度はかなり高い。なぜだろう。

話し手にとっては、ちゃんと知識がないときには、知ったかぶりをするよりも正直に自信がないことを伝えるほうが楽だ。長い目で見ると、そうすることで情報源としての自分への信頼を維持することにつながるという利点もあるだろう。一方、情報の受け手である聞き手にとっては、このような表現はいっそう重要である。偽情報をそうとは知らずにつかまされると不利益につながるからだ。

「それ、熱いかも」

おもしろいのは、ことばの意味がわかったうえで、これらの表現をいわば意識的・策略的に、現実の知識の有無や確信度の強弱を反映しないように使うことも少なくないということだ。

床が湿っていて滑りやすい場所に近づいてきた人に「あ、そこ滑るみたいですよ」と注意することはないだろうか。自分や他の人の経験を通して、そこが滑ることを知っていても「あ、そこ滑りますよ」と言うとは限らないのである。熱すぎる味噌汁を飲んでしまい、舌がやけどするほどの熱さを体験したあとで、他の人が飲もうとするのを見て「あ、それ、熱いかも」と言って警告することもあるだろう。

「みたい」や「かもしれない」といった弱い確信度の表現を、自分の言いたいことをやわらげるために使うといったことは、対人関係の理解や、思っていることと言っていることとのギャップの理解などを含む高度の社会能力を必要とする。そのため、このような使い方は幼児期にはまだ見られない。

どういう人に知識があるか判断する

さて、大人は「たぶん」「おそらく」「～みたい」「～らしい」「～かも」「～はず」「～かな」「～だよ」といった表現の意味もわかるし、それらを話し手が策略的に使う場合があるということも知っている。子どももこれらの表現の一部はかなり早くから使い始める。たとえば文末助詞の「よ」や「かな」は2歳前に使い始める。「～みたい」や「～かも」も2歳から3歳の間に使えるようになるようだ。

では、子どもはいつごろ、自分や他人が何を知っていて何を知らないかということを理解したり予測したりするようになるのだろうか。年齢の高い人ほど物事をよく知っていることを推測し、逆に年下の乳幼児にはわからないことが多いと認識するようになるのは4歳ごろだ。単純に大人は何でも知っていると考えているわけではなく、情報へのアクセスの有無を考慮して判断することもできるようだ。たとえば、箱の中を見た人は中身が何か知っているけれど、箱をさわっただけで中を見ていない人は知らないという判断ができるようになるのは3歳から4歳にかけてと早い。医者は病気のことをよく知っているとか、パイロットは飛行機のことを知っているといった専門家の知識というものを理解できるようになるのはもう少しあとで、4歳から5歳のころだと言われている。

話し手がどのくらい自信をもっているか

話し手が自分の言っていることにどのくらい自信をもっているのかを判断できると、その人が何を知っていて、何を知らないかを聞き手は推測することができる。前にふれたように、日本語では文末助詞の「よ」を使うことによって、話し手は自分が強い自信をもって話をしていることを聞き手に伝えることができ、「かな」を使うことで、逆に自信がないことを伝えることができる。聞き手は「よ」を使って話をした人を、自分の知識に自信のある人として理解するだろう。「〜と思う」や「〜を知っている」という表現も、話し手の自信の強さを伝えるために使われることがある。聞き手は、「〜を知っている」と言った人のほうが知識があって自信をもっていると推測するだろう。このような推測は子どもにもできるのだろうか。

そのことを調べるために、3歳から6歳の子ども(それぞれ24名ずつ)を対象に実験をおこなったことがある。こんな実験だ。パソコンの画面上で図のようなアニメーションを見せる。2匹の動物が登場し、それぞれが赤い箱と青い箱のどちらに探し物が入っているかを子ども

どちらの動物の言うことを信じるか？

に教えてくれるのだが、2匹の言っていることは相いれない。2匹の動物が言っていることは自信の度合いでも異なっていて、たとえば片方の動物が「赤い箱にあるよ」と言えば、もう片方は「青い箱にあるかな」と言うのである。子どもはどちらか1匹の動物が言っていることを信じて箱を選択しなければならなかった。

実験の結果、「よ」を使う動物と「かな」を使う動物が出てきた場合、3歳児でも「よ」を使った動物の言うことを信じ、「かな」を使った動物の言うことは信じないことがわかった。「よ」と「かな」ということばが表す話し手の自信の度合いが3歳児にも理解できるということには少し驚いた。それまでの英語圏を中心とした研究では、一般的に4歳から5歳の間だと見なされていたから。

一方、「〜と思う」と「〜を知っている」の違いは、3歳児にはまだ区別できなかった。日本語でもそれ以外の言語でも、このような動詞から話し手の自信の強さがわかるようになるのは、4歳から5歳であるようだ。英語圏での調査では、I think…とI know…という表現が使われた。日本語の「〜と思う」「〜を知っている」に相当する。私たちの調査でも、「〜と思う」と「〜を知っている」という表現から話し手の確信度を理解できたのは4歳から5歳の間だった。

「よ」や「かな」のように、文末助詞で自信の度合いが表される場合は、それよりも1年ほど理解が早かった。なぜ文末助詞のほうが1年も早く理解されるのだろう。ひとつの理由として、使用頻度の高さがある。母親や周囲の大人が子ども相手の会話の中でも文末助詞をよく使うので、それが文末助詞の早い獲得に結びつく可能性がある。子どもは大人の真似をしたがるから、親がどんな表現を使って話しかけるかが、子どものことばの発達に影響しても不思議はない。余談になるが私の息子は、「なんですか」という表現を2歳で使っていた。私が息子を叱るとき、「なんですか、こんなことして……」とよく言っていたからだ。「しまった」と思ったが、子どもは大人の鏡であることを別の一面から痛感させられたできごとだった。

わかってなさそうな人からは教わらない

文末助詞の理解に関連して、別の実験もおこなった。自信の弱さを表す「かな」を使う話し手から、それまで知らなかったことば（新奇語）を教えてもらった3歳児と4歳児（それぞれ28名）が、それを覚えるかどうかを調べる実験だ。強い自信を表す「よ」を使う話し手の場合はどうかということも合わせて調べた。

子どもはそれぞれ、「かな」を使う話し手か、「よ」を使う話し手のどちらかに割り振られた。机の上には、子どもが初めて見る、名前を知らないおもちゃ（じつは本物のおもちゃではなく、安全に配慮した台所用品や機械のパーツなどである）が3つある。どちらの話し手も子どもと一緒におもちゃで遊んだあと、そのうち1つを指して「これがトマかな」または「これがトマだよ」と同じ回数繰り返した。「トマ」というのは実験に参加した子どもの語彙にないことばだった。それを聞いていた子どもは新奇語「トマ」を覚えるだろうか。

結果を見ると、3歳児も4歳児も同様に、「よ」を使った話し手からは新奇語を学習したけれど、「かな」を使った話し手からは学習しなかった。3歳になると、子どもは自信の度合いによって話し手の知識の有無を推測し、知識がなさそうな大人からは学習しないようだ。このように相手の知識の有無を判断する力が早くから身についているのは、この時期の学習、とくにことばの獲得を促進するためではないかと考えられる。

他人よりも身内を信じる？

次に興味をもったのは、話し手の自信の度合いという一時的な信頼性の指標と、たとえば他人より身内を信じるといった、より恒久的な信頼性に関わる社会関係のような要素とが、どのように関係しているのかということだった。子どもは見ず知らずの他人よりも、母親を高く信頼するだろうと予測して、調査に臨んだ。

調べてみると、おもしろいことがわかった。対象の3歳児と5歳児(それぞれ24名)は、どちらも、基本的に他人よりも母親を信じることは予測どおりだった。母親と他人がどちらも「よ」を使って新奇語を紹介したとき(たとえば「これがメケだよ」と言う)、3歳児も5歳児も母親のほうをより信頼して語彙を学習していた。

しかし、母親と他人の自信の度合いが異なる場合、つまり片方が「よ」を使い、もう片方が「かな」を使って新奇語を子どもに紹介したときには、3歳児と5歳児の反応が大きく違っていた。3歳児は母親と他人の区別をつけず、とにかく「よ」を使った大人を信頼して学習していた。対して5歳児は、母親が「かな」を用いたときでも母親を信頼して学習した比率が高かったのである。

子どもは3歳という幼い年齢から信頼できる大人を選んで学習することができる。しかし、その際に手がかりとなるのは、かなり明確な自信の度合いを表す表現のみで、他人よりは身内を信じるというような姿勢は発達的にはもっと後になって現れるようだ。5歳児よりも3歳児のほうが母親を頼りにすることが日常的に多いことから、実験前は、3歳児のほうが母親への信頼度がより強いのではないかと予測していた。しかし結果はその予測を覆すものだった。3歳児が「よ」を使う人を誰でも同じように信頼するということは、3歳児の単眼的な見方を反映していると言えるかもしれない。

イントネーションにも注目

さて、日常会話で話し手の自信の度合いがわかるのは「よ」とか「かな」のような言語表現だけではない。それ以外の代表的なもののひとつがイントネーションだ。おそらく言語によらずかなり普遍的に、尻上がりのイントネーションは話し手の自信のなさ、逆に尻下がりのイントネーションは話し手の強い自信と理解されると考えられる。

子どもがイントネーションを通して話し手の自信の度合いを理解するのはいつごろからなのだろうか。日本人の3歳児と5歳児（それぞれ24名）、ドイツ人の3歳児と5歳児（それぞれ24名）を対象に、上昇調のイントネーションを使う人と下降調のイントネーションを使う人のどちらから新しい語彙を学習するかを調べた研究を紹介しよう。普遍的な発達パターンがあるならば、どの言語においても同じ時期に理解が始まると考えられそうである。大人で調べてみたところ、日本人もドイツ人も予想どおり、上昇調のイントネーションを使った人でなく、下降調のイントネーションを使った人から語彙を学習することがわかった。

しかし、子どもに関する結果は驚くべきものだった。まず、日本人の場合、5歳児はもちろん、3歳児でも、上昇調のイントネーションを用いた人からは新奇語彙を学習しなかった。

これに対してドイツ人は、3歳児はおろか5歳児でも、上昇調と下降調のイントネーションのパターンには関係なくランダムに語彙を学習した。つまり、日本人は3歳の時点でイントネーションによる話し手の自信の度合いが理解できていたのに対して、ドイツ人の場合は5歳でもそれがわかっていなかったということになる。

この差はどこからくるのだろうか。文化差とか言語の差と言っても、具体的な理由がどこにあるのかを見つけないとあまり意味がない。文化差と言える場合は、たとえばドイツ人の母親はイントネーションを使って自信の度合いを子どもに伝えることが日本人の母親に比べて少ない、というような可能性が考えられる。言語の差と言える場合は、ドイツ語にはイントネーション以外の言語要素で自信の度合いを伝える方法があり、イントネーションに頼る必要性がほとんどない、という可能性もあるかもしれない。現在、これらを含めたいくつかの可能性が検討されているところである。

話し手がどんな証拠をもっているか

話し手の自信の度合い以外にも情報の信頼性を推測するのに利用できる手がかりはある。そのひとつが、話し手がどのくらい強い証拠をもっているのかということだ。

たとえば、「昨日の晩A子は自分の部屋にいた」と言った人が、実際に昨日の晩A子とA子の部屋で会っていたとすれば、この情報の信頼性は非常に高いと言える。一方、話し手が昨晩A子の部屋の電気がついていたのを外から見て、A子が部屋の中にいることを推測したという場合や、A子が昨日はずっと部屋にいたとB子が話していたのを聞いたという場合には、証拠の弱さに対応して、情報信頼性は低くなる。だから、もし話し手が「昨日の晩A子が自分の部屋にいたのをこの目で見たよ」と言ったとすると、聞き手はそれなら信じようという気持ちになるだろう。逆に話し手が「A子が自分の部屋にいたって聞いたよ」と言ったとすれば、話し手は直接的な証拠をもっていないということになり、聞き手はその情報を必ずしも信じるべきではないと思う可能性が高くなる。

大人ならこのような判断は問題なくできると思われるが、子どもはいつから証拠の強さによって話し手の言っていることを信じるべきか否かを判断できるようになるのだろう。

先ほどのパソコン画面のアニメーションで探し物の場所を当てる実験課題を用いて、この点についても調べることにした。こんどは、片方の動物が「よ」を用い、もう片方の動物が「かな」を用いて場所を伝えるという条件以外に、「ぼく見たよ、リンゴがあるのは青い箱」「ぼく聞いたよ、リンゴがあるのは赤い箱」という言い方で場所を伝えることにした。

その結果、見た人と聞いた人の証拠の強さから情報の信頼性を判断することができるのは6歳以降であることがわかった。6歳でやっとわかるということに、私自身は「けっこう遅いんだな」という印象をもったことを覚えている。

その一方で、話し手が自分の目で中身を見たのか、誰か他の人から中身について聞いたのかを、ことばからでなく行動を見て理解したときには、4歳児でも自分で見た話し手のほうを信頼するということもわかっている。私たちもアニメーションを使って、箱の中身を見た人と、箱の中身について誰か他の人から聞いた人のどちらの情報を信用するかという実験を4歳と6歳(それぞれ26名)を対象にしておこなった。すると、4歳児でも中身を見た人のほうを信頼することがわかった。「見た」「聞いた」という動詞が手がかりの場合には、中身を見た人も中身について聞いた人もランダムに信用していたのとは対照的である。

ことばによって伝えられる証拠の強さを考慮して信頼性の判断をすることは、行動から理解できる証拠の強さをもとに判断するよりも、子どもにとっては難しいようだ。

情報源の表し方は言語によってさまざま

人から間接的に聞いた話をするとき、日本語では「~と聞いた」という言い方以外に、「~らしい」「~そうだ」「~って」などといった表現が用いられることが多い。日本語にはこのように伝聞情報、つまり人から聞いた情報であることを伝える表現がいくつかあるが、自分で直接に見た情報であるということを伝える表現は「~を見た」という動詞くらいしかない。文末助詞に限って言えば、日本語には「って」があるので、伝聞情報とそれ以外の情報を区別することができる。

言語の中には、日本語よりも情報のタイプを示す表現が豊かな言語もある。たとえば韓国語には、伝聞情報と目撃情報を表す文末助詞がそれぞれある。トルコ語やブルガリア語の場合は、伝聞情報か目撃情報かによって、動詞の形が変わる。チベット語の場合は、目撃情報か伝聞情報かを区別する以外に、自身情報という、自分自身にしか知りえない情報（空腹であるとか、怒っているとか）も言語的に区別する。より一般的には、目撃情報、目撃以外の知覚情報（音が聞こえたとか匂いがしたなど）、推測情報、伝聞情報などを区別する言語が多い。このように情報源を区別する言語は世界の言語の四分の一ほどにあたるが、英語など西欧の言語が含まれていないためか、まだまだ研究は少ない。

ことばより行動、動詞よりも文末助詞

先ほどの2匹の動物が登場するアニメーションを使った調査では「見たよ」と「聞いたよ」という動詞が示す証拠の強さの違いを子どもが理解できるかを調査した。それに加えて、子どもが伝聞情報を示す文末助詞の「って」をいつごろから理解するのかについても調べることにした。日本語には目撃情報を示す文末助詞がないことから、強い自信を示す「よ」とペアにした。実験では、片方の動物は「リンゴが入っているのは赤い箱だよ」と言うのに対して、もう片方の動物は「リンゴが入っているのは青い箱だって」と言うのである。

その結果、大人の場合は、「よ」を使った動物を信頼して情報を得る人が100パーセントだった。子どもの場合は、3歳児と4歳児はどちらの動物もランダムに信用し、5歳以上

の子どもだけが「よ」を使った動物を信頼することができた。「見た」「聞いた」といった動詞の手がかりは6歳になるまで生かすことができないが、「よ」と「って」の意味を理解して信頼性判断をすることは5歳の時点で可能だということになる。3歳児の確信度の理解では、文末助詞の「よ」「かな」のほうが、「〜と思う」「〜を知っている」という表現よりも区別しやすかった。6歳児の証拠性の理解においても、「よ」「って」の文末助詞ペアのほうが「見た」「聞いた」の動詞ペアよりも区別しやすいようだ。

このように見てくると、話し手の自信の度合いから情報の信頼性を判断するのは3歳までに比較的早くからできるのに対して、情報源によって情報のタイプ(目撃情報や伝聞情報)を理解し、そこから情報の信頼性を判断できるようになるのには、それからさらに3年ほど時間がかかることになる。また、ことばで話し手の自信の度合いや情報のタイプを示されるよりも、行動で示される場合のほうが子どもにはわかりやすいようだ。

情報の信頼性を見きわめることと学ぶこと

情報の信頼性を正しく判断することは、真実を知り、偽りを誤って信じてしまうことを避けるために必要不可欠である。子どもの場合は、2歳前から始まる語彙学習や慣習の獲得を含めて毎日が学習の機会であり、その間、正しい情報のみを知識として獲得することは非常に大切なことである。3歳までに話し手の自信の度合いを推測できるようになるのは、効果的な学習を促進するためだと考えられる。相手が母親であっても、あまり知識がなさそうな場合には学習しないという3歳児のクールな一面は、それを具現している。

その一方で、5歳児と違って、3歳児は強い確信をもった人なら誰でも無差別に信じてしまう傾向があるとも言える。必要に応じて疑いの心をもつという能力がこの段階では未発達であるということに、周囲の大人は注意を払う必要がある。

3歳児が会話の中で苦手なことは、もちろんそれだけではない。たとえば、表現のあいまいさにはまったく無頓着で、正確にものを言うことはなかなか学習しない。自分がもらった情報があいまいだったり、不正確だったりしても、たいていわかったような気になってしまう。この章ではこのあと、表現のあいまいさに無頓着であることを見ていこう。さらに、先にもふれたが3歳児はうそをつかれてもわからないし、自分でうそをつくことも下手である。うその理解については次章で取り上げることにする。

3　あいまいさには無頓着

あいまいなことを言ってしまう

言語能力がまだ発達途上にあるためでもあるだろうが、3歳児は話をするとき、聞き手がどのように解釈すべきか悩むような、あいまいな言い方をすることが少なくない。極端な省略表現といってもよいようなことばづかいもよくある。

テーブルの上にチョコレートやクッキーなどいろいろなお菓子が置いてあると、3歳児は「あれ取って」と言う。何種類ものジュースがあるときに「どれがほしい?」と聞かれると、「オレンジジュース」とか「リンゴジュース」と言わず、ただ「ジュース」と言ったりする。それでいて大人が適当に選んで与えると、「それじゃない、あれ!」と主張する。「あれ取って」と言っているとき、子ども自身はどれでもよいからお菓子を取って、と思っているのではない。「ジュース」と言っていながら、じつはリンゴのジュースがほしいと思っていたりするのだ。

うちの息子が決まって使う表現は「飲み物(がほしい)」である。大人のように、いろいろなオプションを考えて「飲み物」という表現を選んで使っているのではない。ほぼ100パーセント、息子の心の中にはひとつの具体的な飲み物が浮かんでいる。ヤクルトだ。教育的には、「飲み物じゃわからないよ、何がほしいか言ってごらん」といつも返事をするのがよいだろうなと思うのだが、何も聞かずにヤクルトを渡してしまうことが多い。親の対応に改善の余地ありだ。

気になるのは、息子はいつまでこの調子で「飲み物」という表現を使うのかということだ。自分が言っていることのあいまいさに気づくのはいつごろだろう。そのことについて、手がかりを与えてくれる研究がある。

ジョディ・M・プルマートたちは、ミニチュアの部屋にいくつかのものを隠した子どもが、何も知らない人に隠し場所を上手に伝えられるかを調べた。部屋の中には、帽子を含めて隠し場所になりそうなものが2つずつあった。子どもは実験者と一緒に、たとえば小さなぬいぐるみを帽子の下に隠すことにする。2つある帽子のうち、ソファーの横にある帽子の下に隠したとしよう。子どもはそのあと、別の人にぬいぐるみの隠し場所を教えてあげるように頼まれる。部屋には帽子が2つあったので、ただ「帽子の下にあるよ」と言うだけでは隠し場所は相手に伝わらない。大人であれば、「ソファーの横にある帽子」とか、「青い帽子」「麦わら帽子」とか、何かその帽子を特定できるような情報を伝えるところである。

しかし3歳や4歳の子どもは、「帽子の下にあるよ」とだけ言うことが多かったのだ。「ソファーの横にある」というような表現を加えて、あいまい性をなくすことができるようになるのは、だいぶ先の6歳以降だったのである。

この実験で3歳児が「帽子の下にあるよ」としか言えなかったのは、「ソファーの横にある」などという位置の説明を加えることが難しすぎたということもあるかもしれない。一方で、ヤクルトという固有名詞を知っているのに、「飲み物」と言う息子のような場合は、表現が難しいから言えないというわけではなさそうだ。3歳児や4歳児は会話をしているように見えても、言っていることはほとんどひとりごとに近い。おそらくこの年齢の子どもは、相手にわかるように物事を伝える必要があることに気がついていないのではないだろうか。

電話の会話は一方通行

子どもの電話(今ではメールのほうが多いかもしれないが)は、子どもの年齢にかかわらず、多くの親の心配事かもしれない。子どもに携帯電話をいつ持たせるかという話は母親どうしの間でよく話題になる。それに比べると、わが家のように子どもが3歳の男の子の場合、心配事はいたって単純だ。電話がかかってくると、受話器を取って自分の言いたいことを言って、勝手に切ってしまう(あるいは受話器を置いて遊びに行ってしまう)ので、いかに家の電話や私の携帯に息子が出ないようにさせるかということである。身近な家族との電話だけは大目に見ているが、もちろん会話らしい会話にはならない。たとえば息子と祖母との会話はたいていこんなふうだ。


「Sちゃん、今何してるの?」

「ぬりえ」

「何のぬりえ?」

「これ」(と言いながらぬりえを指さす)

「これって何?」

「……」(ひたすら電話をぬりえに近づける)

ついそばで声をあげてしまう母親とは違い、まったくやきもきせず、適宜話題を変えたりして対応している寛大な祖母との会話はそれでも続いていく。これは驚きである。

当然のことながら、電話での会話は、その場に居合わせた人どうしの会話とは多くの点で違う。その場の状況を共有できないことから、言語化しないと伝わらないことが増える。何かを指すときに、「あれ」「これ」とか「あっち」「こっち」と言ってもわからないし、「このようにして」と言って説明することもできない。ジェスチャーや表情も使えない。それだけ、ことばをよく選んで、相手にわかるように使うことが大切になる。

子どもたちが上手に電話でコミュニケーションをすることができるのかを調べた研究がある。3~4歳児の場合、コミュニケーションはほとんど成り立たないが、7~8歳になると、かなり正確に情報伝達ができるようになるそうだ。

実験では、子どもはまず実験者と簡単なパズルをして、そのやり方をマスターする。そのあと、まったく同じパズルを持っている電話の相手に、パズルの方法を伝授するという課題が与えられる。パズルのどのピースをどの段階でどこに動かすかを正確に相手に伝えられるかどうかを調べることが目的だ。その結果、3~4歳児は、ほとんどの場合、的確な情報を与えることができなかった。ピースを「これ」「それ」「あれ」ということばで表現したり、「こっちへ持ってく」「あっちから取ってくる」というような表現で動かし方を指示したので、相手にはまったく理解できなかったようだ。それが、7〜8歳になると、かなり大人に近づいて、相手にわかるように説明ができたことが報告されている。うちの息子もあと4〜5年たてば、なんとかまともな会話ができるようになるのかもしれない。

電話での会話ではないが、そこまで待たなくても5〜6歳になるとだいぶ話し相手の視点に配慮することができることを示す実験がある。アパーナ・S・ナディグとジュリー・C・セディヴィの実験では、子どもは相手と向かい合って座り、ふたりの間に置かれた棚に置いてある4つのものから、1つを取ってもらうために指示を与えることになっていた。たとえば大小のコップが1つずつ、それとボールと鉛筆が棚に置いてあったとしよう。実験者は大きなコップを指さしながら、「これを相手に取ってもらいなさい」と子どもに伝える。子どもはそれを聞いて、今度は自分のことばで相手にそれを取ってもらうように指示を出すことになっていた。コップが2つあるので、「コップ」と言っただけではどちらのコップか相手にはわからない。しかし「大きなコップ」と言えれば相手に間違いなく伝わるはずだ。

5〜6歳でも7割以上の子どもが「大きなコップ」という表現を使えたそうだ。全員が「大きなコップ」と言えた大人の領域にはまだ達してはいないものの、3歳児ならほとんど全員が「コップ」と言うことを考えると、5〜6歳児の力はなかなかのものだ。

他人のことばのあいまいさに気づく

自分が何かを言うときには平気であいまいなことを言ってしまうのが３歳児だが、立場が変わって、子どもが聞き手となったとき、相手の言っていることがあいまいだということに気づくことはできるのだろうか。ジョディ・Ｍ・プルマートたちは、これについても手がかりを与えてくれる調査を実施している。

実験に参加した子どもは、ミニチュアの部屋を見せられ、その中に隠れているねずみを探すように頼まれた。実際に探しに行く前に、大人（実験者）からねずみの隠れ場所についての手がかりをもらった。研究上、肝心なのはこの手がかりだった。子どもは、たとえばねずみを探すときはあいまいな情報を、他のものを探すときはより正確で親切な情報を聞かされたのだ。ねずみが隠れている部屋の中には帽子が２つあることも確認済みだった。そのため「どちらかの帽子の中に隠れているよ」はあいまいな情報で、「テーブルの上にある帽子の中に隠れているよ」というのがねずみの隠れ場所が特定できる正確な情報となった。子どもは、手がかりを聞いてもわからなかったら、いつでも質問するようにと言われていた。子どもはねずみを含めて合計８つのものを探すように頼まれたが、そのうち４回はあいまいな手がかりを、残りの４回は正確な手がかりをもらった。

正確な情報を聞いたときと、あいまいな情報を聞いたときとでは、子どもがねずみを探し始めるまでの時間が異なるのではないかという予測が立てられた。そしてその予測どおり、４歳と５歳の子どもは、正確で親切な情報をもらったときにはいち早くねずみを探し始めた。

あいまいな情報をもらったときは、隠れているねずみを探し始めるまでの時間が長くかかった。十分な情報がないのだからこれは当然だ。

しかし驚いたことに、3歳児の反応はまったく逆だったのである。正確な情報は、正確であるぶん、情報が複雑である。あいまいな情報は、逆に単純であることが多い。その結果、3歳児の場合は、情報の単純さに反応し、あいまいな情報をもらったときに、より早くねずみを探し始めてしまったと考えられる。3歳児には、場所や位置に関する情報を処理することだけで大変で、情報があいまいかどうかを気にする余裕はなかったのだろう。その点、4歳以上の子どもは、情報のあいまいさに敏感に反応することができた。ただし、あいまいさに気づいて、実験者に質問をし、より正確な情報をもらおうとする子どもは、4歳児、5歳児の中にはほとんどいなかった。3歳よりはかなり上等だが、4~5歳児の理解力も、あいまいな情報を聞いたときに、意識的に問題解決ができるような大人並みの理解力にはまだほど遠いようだ。

2歳のときに比べると、3歳になった子どもはことばもずっと増えて、周囲の大人にとってはおもしろい話し相手になってくれる。ことばでいろいろな要求をするようになって、存在感も増す。ときどき親がドキッとするようなことを言うこともある。しかし、3歳のときにはまだ5歳児や6歳児のような会話はできない。

ことばがわかるようになってから、小学校に入るまでの数年間で、子どものコミュニケーションの能力は大きく成長する。その成長のひとつの鍵になるのは、相手の視点に立つことができるようになることだ。3歳児にはまだこれが難しい。

次章ではコミュニケーションにおいて相手の心を理解する力が3歳から9歳くらいまでの間にどのように発達するのかを見ていきたい。また、うそや皮肉などといった、ことばどおりに解釈したのでは理解できないコミュニケーションの例にもふれながら、ことばの理解と心の理解の関係について考えてみたい。

第二章　うそや皮肉は難しい

1　子どもにとってのうそ

3歳児はうそをつくことが苦手？

小さな子どもは台所に入って棚の戸を開けたり、母親が料理するのを見たりするのが大好きなようだ。しかし、落とすと割れてしまう食器や、ナイフや漂白剤、沸騰したお湯や熱いフライパンがある台所は、小さな子どもには危険極まりない場所である。歩けるようになった息子も、台所で遊ぶのが好きだった。「台所は危ないから入ってはいけません！」と何度言っても、2歳の息子は聞く耳をもたなかった。3歳になってからも、まだ台所にしょっちゅう入ってきたが、3歳半くらいになったころに、変化がおとずれた。私が台所にいる息子を見つけて「あー、また……」と注意しようとすると、ちょっときまり悪そうにあわてて台所から出ていくようになったのだ。私が「台所は危ないから入ってはいけません！」と言うのをわかっているかのように。

3歳くらいになると、この世の中には「してはいけないこと」があることを子どもは理解し始めるようだ。なぜいけないのか、ということの理解ができるようになるまでにはまだ数年かかるのだが、3歳児は母親や保育園、幼稚園の先生に「そんなことしてはいけませんよ」と言われたことはしないほうがよいと思うようだ。子どもなりの善悪がわかり始めるのもこのころで、正義の味方が悪者を退治してめでたく終わるお話に夢中になる時期である。

そうなると、してはいけないと言われたことをうっかりであれ、意図的にであれしてしまったときに、うそをつくということが始まる。たとえば「ごはんが食べられなくなるからもうチョコレート食べちゃだめだからね」と言い聞かせて台所で料理をしていたら、数十分後に口の周りにチョコレートをつけた息子が台所にやってくるというようなことがよくある。「チョコレート食べたの？」と聞くと、息子は目をそらして「ううん（食べてない）」と言うか、「だって……（言い訳が続く）」と言うかのどちらかである。

3歳の子どもがつくうその特徴は、次のような心理実験によく表れている。実験者によばれて子どもが部屋に行くと、テーブルの上に箱が置いてある。ふたがしまっていて箱の中身は見えない。しばらくして実験者は用事ができて部屋の外に出なければならなくなる。そこで実験者は、子どもに「箱の中身を見ないようにね」と言ってから外に出る。「見ないようにね」と言われて「うん」と言ったのに、3歳児には我慢ができず、実験者がその場からいなくなると箱を開けて中を見てしまう。そして戻ってきた実験者に「箱の中を見た？」と聞かれると「見てない」と答える。してはいけないことをしてしまったときに、それを隠すためにうそをつくことは3歳児にもできるようだ。

ただし、うそをついたことがばれないようにするには、その後もずっと話のつじつまを合わせなければならない。3歳児にはまだそれができない。実験者に「箱の中に何が入っていたの?」と聞かれると、「クマのぬいぐるみ」と正直に答えてしまうのである。「見ていないからわからない」と答えられるようになるのは、7歳ごろだ。このころにうその概念的な理解が始まる。

4歳児にもことばにあまり頼らない単純なうそならつくことができる。ジェームズ・ラッセルたちの「のぞき窓課題」の実験を紹介しよう。これは、他者をあざむくことに関して3歳児と4歳児がどう違うかをとらえる実験として広く知られている。

最近の実験で使われたのは、押しボタンがついた図のような色の違う2つの箱である。箱をはさんで、子どもと対戦相手が向かい合う。2つの箱の片方には子どもの好きなチョコボールが入っている。それぞれの箱の下にボタンがあって、チョコボールの入った箱の下にあるボタンを押すと、チョコボールが出てくるという仕掛けになっている。ただし、子ども自身はボタンを押すことができず、対戦相手だけが押すことができるというルールがある。大事なルールがもうひとつある。もし対戦相手が選んだ箱にチョコボールが入っていたら、相手にチョコボールを取られてしまうが、もし相手が選んだ箱が空っぽだったら、もう1つの箱に入っているチョコボールを子どもがもらえるというルールだ。そして、対戦相手がどちらの箱を選んでボタンを押すかを決めるのは、子どもなのである。

相手にうそをついてチョコボールをもらえるか？（のぞき窓課題）

課題の練習段階では、箱の中身は見えないようになっていた。子どもが相手に選ぶように指示した箱にはチョコボールが入っている場合もあるし、入っていない場合もあった。そのため子どもがチョコボールをもらえるかもらえないかはランダムに決まった。しかし、課題の本番になると、箱の中身が子どもにだけ見えるようになっていた。つまり、どちらの箱にチョコボールが入っていてどちらの箱が空っぽか、対戦相手にはわからないが、子どもにはわかるようになっていたのだ。中身が見えるという状況で、自分がチョコボールをもらうためには、対戦相手に空っぽの箱を選ぶように指示を与えなければならない。つまりチョコボールをほしがっている対戦相手に、空っぽの箱の下にあるボタンを押すようにうそをつかなければならない、ということになる。

4歳児は対戦相手に空っぽの箱を選ぶように指示を与えることができたが、3歳児はチョコボールの入った箱を選ぶように指示を与えてしまうことが多かった。つまり、4歳児がチョコボールをもらうという目的のために、相手にうそをつくことができたのとは対照的に、3歳児はチョコボールがほしかったのにもかかわらず、チョコボールの入っている箱を選ぶように相手に指示してしまったことになる。その結果、チョコボールは相手にとられてしまった。3歳児には自分の利益のためにうそをつくことは難しかったようだ。

マシュマロを食べないで待てる？

「のぞき窓課題」で3歳児が対戦相手にチョコボールのありかを教えてしまうのは、自分がチョコボールをほしいという気持ちや、チョコボールはあそこにあるとわかっていることを隠すことができないからだと考えられている。うそをつくためには、話し手は自分が事実を知っているということを表に出さず、事実でないことを信じているかのように表現する必要がある。ある事実を知っていても、知っているということを表に出さないためには、心理的な抑制力が必要だ。本当は相当気分を害しているのに、それを相手に悟らせないようにするときなどは、感情の抑制が必要となる。すぐに感情的になると周囲から思われている人は、抑制がうまくできていない可能性が高い。

3歳児は、この抑制能力がまだ十分に発達していないようだ。「のぞき窓課題」がうまくできなかったのも、そのせいである可能性が高い。自分がチョコボールのことを考えていて、チョコボールはあそこにあると思っているときには、それをそのまま相手かまわず表現してしまうというのが3歳児の特徴である。

目の前のマシュマロを食べないで待てる？

自分の気持ちや思考内容を一時抑えて、冷静に状況を判断して対応を考えられるようになるのは、4歳以降だと言われている。

それを示す有名な実験が「マシュマロ課題」である。マシュマロでなくても、チョコレートでもビスケットでも、子どもが大好きなものがあればこの課題は家庭でもすぐできる。

子どもの目の前にはマシュマロが1つある。当然子どもはすぐにでも手を出してそれを食べたいはずだ。子どもは実験者から、「すぐに1つを食べてもいいけれども、もし私が部屋の外に行っている間に15分待てたら、マシュマロを2つもらえるよ、だから待ってようね」と言われる。ほとんどの4歳児は15分待つことができなかった。待つことができて、マシュマロを2つもらった子どもは3割ほどだった。

その後の追跡調査で、マシュマロ課題に参加した子どもたちが高校生になったときにどのように成長しているかが調べられた。驚いたことに、15分待ってマシュマロを2つもらった子どもの学業成績は、待てなかった子どもよりも明らかに高かったということだ。

ただし、子どもが15分待てないからと言って、すぐに問題視する必要はない。3～4歳児のほとんどは待てないが、それがずっと続くわけではないからだ。それに、新しい研究によると、「今すぐ食べないで待っていればマシュマロを2つもらえるよ」と言う相手が、信頼に値する人物と思えば子どもは待つことができるそうだ。約束を守りそうもない相手に同じことを言われると、待っても2つもらえないかもしれないからすぐ食べたほうがよいと子どもなりに判断するのだろう。その場の状況や相手を見て冷静に判断するという側面も、マシュマロ課題の結果に反映されていると考えると、15分待てない(待たない?)のは子どものせいばかりではないということになる。

うそをつかれても相手の間違いと思う

子どもがうそをつけるのかどうかに関する研究に比べると、相手がうそをついていることを子どもがいつごろから理解できるのかという研究は数少ない。これまでにわかってきたことは、相手が意地悪だとか悪人だとか聞かされていると、その相手がうそをつくかもしれないということを4歳の子どもでも推測できるということである。

それ以前の年齢では、意図的なうそをつかれても、相手が自分をだまそうとしていることが理解できないようだ。相手の言っていることが、自分の知っている事実と異なっていることに気づいても、うそをつかれたとは考えず、たんに相手が間違えたと理解することが多い。この時期は、意図的なうそや冗談など、言われたことが事実と合わない場合は、相手が間違えたと理解する傾向がある。

優しいうそ

うその中にも、自分の利益のために人をだます悪意にもとづくものと、相手の気持ちに配慮してわざと事実に反したことを言う「優しいうそ」がある。悪意にもとづくうそは7歳以降に理解が安定するようだが、優しいうそはどうだろうか。

このことを調べたK・A・ブルームフィールドたちの実験を紹介しよう。実験に参加した子どもは、実験者から「がっかりプレゼントのお話」を聞かされた。7歳の男の子が久しぶりに会うおばさんから誕生日プレゼントをもらったものの、残念ながら自分のほしいものではなかったのでちっともうれしいと思わなかった、というストーリーである。おばさんが7歳の甥に「気に入ったかしら？」と尋ねるところで終わっている。

実験者はこの「気に入ったかしら？」という問いに対して男の子がどう返事をするかを参

加した子どもに尋ねた。その結果、5歳、7歳、9歳からなるグループ全体の7割もが、男の子は自分の心に正直に「気に入らない」と返事をすると答えたのだ。事前の確認質問では、男の子に「気に入らない」と言われたらおばさんは悲しむだろうということを参加者全員が理解していたにもかかわらず、である。相手が悲しいと思っても、正直に返事をするべきだと考える子どもが圧倒的に多いということになる。

ただし、5歳児グループは全員が「気に入らない」という正直な答えを予測したものの、年齢が上がるごとに、「気に入った」とうそをつくだろうと予測する子どもの人数は増えていた。成長とともに優しいうそを評価するようになるようだ。

2　子どもにとっての皮肉

ほめて育てる?

平日は保育園があって遊ぶ時間が足りないと言っている息子は、週末になると部屋中におもちゃを散らかし放題で遊んでいる。保育園ではお片づけは得意のはずだったが、わが家では、「片づけなさい」という私のことばはたいてい息子の耳を素通りだ。どうしたものかと考えあぐねて、あるとき息子の両手を握りしめてこう言ったことがある。「Sちゃん、お片づけ得意だもんね。お部屋がきれいになってうれしいね」。すると息子は「うん」とうなずいて、得意げに片づけを始めた。私が手を出すのをいやがるほどの奮闘ぶりだった。

このとき、3歳の息子は本当にほめられたと思ったに違いない。ほめられて、うれしくて、自分ができるところを見せたいと思ったのかもしれない。しかし状況や相手が変われば、私の言ったことは立派な皮肉になりうる。現実とは逆、あるいはそれに近いくらいかけ離れたことを言って、相手にそのギャップに気づかせ、自分の批判的な態度を間接的に示すのが皮肉である。

部屋が見るからに散らかっている状況で、「片づけが上手ね」とほめられたら、そこには暗に批判的な態度が示されていると気づく術は、3歳児にはまだない。前に紹介したとおり、子どもに単純なうそがわかるのは4歳ごろ、うその概念を把握できるのは7歳ごろだ。うそを見抜くためには、相手が言っていることが現実と異なることに気づく必要がある。その点は皮肉も同様である。子どもが皮肉を理解できるのはいつごろなのだろうか。

大人どうしで交わされる微妙だが辛辣《しんらつ》な皮肉を子どもが聞くことは少ないだろう。しかし、たとえば子どもが意図的に悪いことをしたときに、本当はどうしてほしかったか、どうすべきだったかに気づかせたり、約束を破ったときに以前約束したことを思い出させたりするために、親や周りの大人がわざと現実とかけ離れた理想の状況を子どもに言うことがあるかもしれない。いわば、前向きの皮肉である。皮肉には、本来話し手が期待していたことを相手に思い出させる、気づかせる、という重要な機能があるので、親がそれを利用しようとすることがあっても不思議はない。
一般的に、皮肉は、現状に対する自分の態度や期待を話し手が間接的に示して、相手に気づきを促し、自発的に現状を改善させようとする社会的な方略あるいは交渉術のひとつとして位置づけることができる。もちろん、その間接性のために、誤解が生じる危険もある。聞き手が現実と発話の内容のギャップに気づき、それを手がかりとして話し手の意図を理解しようとしなければ、皮肉は伝わらない。

気持ちはわかる

子どもが皮肉を理解し始めるのは、小学校に上がってからのようだ。私たちがおこなった調査では、次のようなストーリーを子ども(平均年齢9歳20名)に聞かせた。最後のほめるセリフ「えらいね」「すごいなー」がことばどおりに解釈される文脈(A)と皮肉になりうる文脈(B)の違いは、登場する子どもの行動である。調査に参加する子どもが、文脈と結びつけてセリフを理解することができれば、セリフと現実にずれがある場合、それに気づくことができるはずだ。そして、そのずれを手がかりに、セリフを言った人の意図を探り始めることもできるだろう。

「片づけ」

（A）太郎くんが、たくさんのおもちゃで遊んでいました。そのとき、お母さんが「おやつにするからおもちゃをしまいなさい」と言いました。太郎くんは、おもちゃをきちんと片づけました。それに気づいたお母さんは太郎くんに言いました。「ちゃんと片づけられてえらいね」。

（B）太郎くんが、たくさんのおもちゃで遊んでいました。そのとき、お母さんが「おやつにするからおもちゃをしまいなさい」と言いました。でも、太郎くんは、おもちゃを散らかしたまま、おやつを食べ始めました。それに気づいたお母さんは太郎くんに言いました。「ちゃんと片づけられてえらいね」。

「朝起き」

（A）健太くんが、ベッドで寝ていました。お父さんが「もう起きる時間だよ」と言いました。健太くんは、起き上がってパジャマを着替えました。それに気づいたお父さんが健太くんに言いました。「朝、すぐに起きられてすごいなー」。

（B）健太くんが、ベッドで寝ていました。お父さんが「もう起きる時間だよ」と言いました。健太くんは、それを聞いても布団に入ったまま寝ていました。それに気づいたお父さんが健太くんに言いました。「朝、すぐに起きられてすごいなー」。

まず、子どもが最後のセリフの前までの文脈を正しく理解しているかを調べてみた。すると、ほぼ全員が、ストーリー中の子どもがしたことが善いことか、悪いことかを正しく判断できていた。さらに、ストーリー中の母親や父親が、子どものしたことを見てどんな気持ちだったかを尋ねたところ、大部分の子どもが、子どもが善いことをしたときには「うれしかった」と答え、悪いことをしたときには「困っていた」あるいは「怒っていた」と答えていた。ほとんどの子どもは文脈を正しく把握していたのである。

興味深いのは、母親、父親がほめことばのセリフを言ったときの気持ちを尋ねたのに対する答えだ。セリフはどちらの文脈でもほめことばとなっていたことがここでは重要である。子どもが善いことをした文脈では、セリフはいつも「ほめる声」で読まれた。そしてこの場合、セリフの前と後での母親や父親の気持ちの判断にほぼ変わりがなく、どちらも「うれしかった」とほぼ全員の子どもが答えている。子どもをほめるべき文脈で、親が実際にほめるというストーリーは、子どもにも理解しやすいということだろう。

一方、悪いことをした子どもに、あたかも逆の善いことをしたかのように親がほめるという状況を理解するのは大人にとっても簡単ではない。小学生の子どもたちの反応も、その難しさを物語っている。子どもが悪いことをした文脈では、ほめことばのセリフは「ほめる声」「叱る声」「棒読み」のいずれかで読まれた。セリフが「叱る声」で読まれたときには、母親、父親は「怒っていた」と答える子どもが増えた。おもしろいのは「ほめる声」で読まれたときだ。「怒っていた」と「困っていた」がそれぞれ4割ずつで、「うれしかった」は1割だった。

「ほめる声」でほめことばを聞かされても、「うれしかった」と答える子どもが少なかったのは注目に値する。ストーリー中の子どもが悪いことをしたという文脈で、ほめる声でほめことばを言われたことで、そのギャップが際立ち、ことばどおりの意味にとることを躊躇《ちゅうちょ》したのかもしれない。対照的に、「棒読み」でセリフが読まれたときに、ほめことばのセリフを言った母親、父親の気持ちを尋ねられて「うれしかった」と答える子どもが増えた。「棒読み」なので、声からは感情が読みとれず、ほめことばの意味につられてしまった可能性が高い。

うそか皮肉か

会話のことばの内容と現実に起こっていることとが明らかに違うとき、私たちはそれをどう解釈するだろう。話し手が勘違いしていると思うかもしれない。うそをついていると判断する場合もあるだろう。あるいは皮肉を言っていることを察知するだろうか。話し手が言っていることと現実がずれている場合、解釈は決してひとつではないことは重要だ。

勘違いしていると思う人は、話し手が自分の言っていることを信じていると判断したことになる。うそをついていると思った人は、話し手は事実を知りながら、聞き手にはそれとは異なることをあたかも事実であるかのように伝え、それを信じさせようとしていると推測したはずだ。逆に、話し手にはことばの内容を聞き手に事実として信じさせようという意図はなかったと判断した場合、わざと事実と異なることを言った話し手の意図が別にあると考えるだろう。そのひとつが皮肉である。

典型的な皮肉では、ことばで述べられている内容は、現実にはならなかった話し手の期待や理想、願いなどを表すことが多い。それを伝えることによって、現実に起こったことに対しての話し手の批判的な態度を暗に示すことができる。たとえばおもちゃを片づけずにおやつを食べ始めた子どもに「ちゃんと片づけられてえらいね」と言った母親の意図を考えてみよう。「おもちゃを片づけてほしい」という自分の願いを子どもに思い出させると同時に、現実にはその期待が満たされずに残念な気持ちになったことを伝える意図があったと解釈できる。

話し手の言っていることが現実と違うことに気づいた場合、子どもがうそととらえるか、皮肉として解釈するかを調べた研究がある。6歳児は、話し手が自分の言ったことを信じていると理解することが多かった。言ったことと現実がずれていれば、うそをついていると理解する場合と、話し手が勘違いしたと判断する場合が半々だった。相手をだまそうとする狡《こう》猾《かつ》な意図を理解することは、6歳児にはまだ難しいと言えるだろう。

その一方で、6歳児は大人から見ると皮肉と理解すべき発話を、うそだと認識する傾向があった。大人どうしの会話で話し手が皮肉を言う場合は、聞き手は文脈やジェスチャー、表情、声の調子から、話し手が自分の言ったことを信じていないか、少なくとも距離を置いていることを察知できる場合が多い。逆にうそをつく場合、話し手は可能なかぎりそのような手がかりを与えないようにする。6歳児は、皮肉を言うときに使われるジェスチャーなどから、話し手が自分の言っていることを信じていないようだということを理解したものの、信じていないことを言うのはうそである、と判断したと考えられる。皮肉にともなう批判的、嘲笑《ちょうしょう》的な態度はまだ理解できない段階であるようだ。

9歳児になると、話し手が言っていることが事実に反する場合、うそをついていると理解する場合が7割以上になった。6歳のときにはまだ理解できていなかったあざむきの意図が理解できるようになったということだろう。ただし、皮肉を聞いてもうそをついていると理解することも多かった。皮肉であることを理解するためには、ことばの内容が現実と食い違っていることを話し手も聞き手もともに知っているということをまずつかんでおく必要がある。そのうえで意図的に現実と食い違っていることを言うことを通して、話し手が批判的な態度を伝えようとしていることに気づかなければならない。このような複雑な解釈は、大人にはできても、9歳の子どもには難しいようだ。

皮肉？　それとも優しいうそ？

少し前のところで、優しいうその理解は5歳から9歳くらいまでの間に徐々に発達することを紹介した。さて、子どもは皮肉を皮肉と理解できるようになる前は、優しいうそとして理解することが多い。5歳から7歳の子どもを対象に、優しいうそと皮肉を見分けられるかどうかを調査した研究を紹介しよう。ここで用いられる優しいうそは、相手を非難すべき状況であるにもかかわらず、相手に配慮して逆にほめるような発話をし、たとえば第三者の目から相手の非を隠す効果をもつものである。イントネーションなどから、話し手のポジティブな態度が伝わる特徴がある。皮肉がイントネーションで批判的な態度を伝えるのとは対照的である。

参加児童が聞かされたストーリーはこうだ。散らかった部屋を片づけるように言われた弟が、言うことを聞かずにそのまま散らかしっぱなしにしておいたのを兄が見つけて、「弟の部屋は、すっかりきれいに片づいたよ」と母親に言う。2種類のストーリー展開があり、皮肉のストーリーでは、兄のセリフにはいやみっぽいイントネーションがともなった。また、聞き手の母親は散らかった部屋に一緒にいて、部屋が散らかっていることを知っていた。つまり、話し手の兄も、聞き手の母親も、部屋が散らかっているという事実を共有していたことになる。対して優しいうそのストーリーでは、兄のセリフは楽しげで誠実なイントネーションをともなった。聞き手の母親は部屋から離れたところにいて、部屋が散らかっていることを知らなかった。この状況では、兄が母親に「部屋が片づいている」とうそをつく可能性があるわけだ。

優しいうそと皮肉の重要な違いは2点ある。1点目は、話し手の意図である。優しいうそを言うとき、話し手は、聞き手がその内容を事実であるとして信じることを意図している。皮肉を言うときには、聞き手がその内容を信じるのではなく、むしろ事実とは異なることに気づくことを意図している。それに気づいたうえで、皮肉にこめられた話し手の批判的な態度を理解することが聞き手には期待されているのだ。

このストーリーを聞いている子どもが、優しいうそと皮肉の違いを理解するには、次のような話し手の意図の理解が必要だと考えられている。

［話し手は［聞き手が［話し手が言ったこと］を事実として信じる］ことを意図している］

（優しいうそ）

［話し手は［聞き手が［話し手が言ったこと］を事実として信じる］ことを意図していない］

（皮肉）

このような意図には「聞き手の信念」（傍線部）が埋め込まれている。聞き手の信念が一番下のレベル（一段目）にあって、それを埋め込んでいる意図はひとつ上のレベル（二段目）にあるというように、階層構造をイメージして考えるとわかりやすいかもしれない。二段目にある意図を「二次的な意図」とよぼう。この実験では、子どもがこの二次的な意図を理解できているかを調べるために、「ストーリー中の兄が、弟の部屋がどのくらい汚いかを、母親に知ってもらいたいかどうか」を子どもに尋ねた。優しいうその場合は、「知ってもらいたくない」が答えであり、皮肉の場合は「知ってもらいたい」が答えとなる。

2点目の違いは、話し手の態度に関することである。皮肉が批判的な態度を伝えるのに対して、優しいうそは、肯定的で誠実な態度を伝えると考えられる。この実験では、ストーリー中の兄が、弟に対して意地悪だったか、優しかったかを判断してもらうことで、子どもがそれぞれのセリフに適した態度を理解しているかを検証した。

実験の結果、7割の子どもが二次的な意図を理解することができ、さらにそのうち7割の子どもが意図と態度の両方を理解することができた。興味深い結果は二次的な意図を理解できていても、話し手の態度の理解ができていない子どもが少なからずいたことだ。口調などから好意的かどうかを本能的に判断し、そこから意図を推測するというわけではないようだ。逆に、話し手の態度が理解できた子どもの中には、二次的な意図が理解できない子どもはほとんどいなかった。そのことから、二次的な意図の理解が基盤となって話し手の態度の理解が可能になると言えそうだ。

ことばとして伝えられた情報から、話し手の意図や態度を読みとることは、小学生にとっても決して容易ではないことがわかる。じつは、大人になっても話し手の意図を間違いなく読みとれるという保証はなく、子どもたちがつまずきやすい点というのは、大人にもあてはまることが多い。それはなぜかについては、あとで詳しく述べることにしよう。

その前にまず、話し手の意図や態度を読みとるのに必要な能力とはどのようなものか、これまでの哲学や心理学の研究からわかってきたことから考えてみたい。

3　他人を理解する心はどう育つ？

「ほんもののママがいい」──みかけと中身の区別

土曜日に仕事があって、私が出かける準備をしていたときのことである。別の部屋で遊んでいた3歳の息子がやってきて、鏡の前で化粧している最中の私に気づいて、立ち止まってじっと見始めた。化粧中の私を見るのはもしかして初めてかな、と思っていると、息子は「どうして？」と言う。どうして化粧をしているのか、という意味だろう。「かわいくなるの？」と続けて聞いてくるのでおもしろいなと思いながら、「そうだよ」と言っておいた。驚かされたのは息子の次のことばだ。「でもほんとうじゃない！」その困ったような声にあわてて「でも、かわいいママのほうがいいでしょ？」と言ってみたが、返ってきた返事は「ううん、別の人になるのはいやだ、ほんとうのママがいい！」であった。しわだらけ、シミだらけでも「本当」の姿が良いと思ってくれる人がいるのはありがたいことだと思うと同時に、子どもなりに見かけと「本当」の区別ができるようになったのかと驚いたことを覚えている。

見かけと中身が違うことを理解することは、人間にとって非常に重要なことである。しかし、3歳児にはまだその違いをうまく理解することができないというのが定説である。1つのモノに2つのアイデンティティを同時にもたせることが難しいと説明される。言い換えれば、2つの視点を同時に比較することができないということだ。たとえば、イチゴの形をした消しゴムは、見かけはイチゴだが、中身(本来の機能)は消しゴムである。大人なら、1つの視点から見るとそれはイチゴであり、別の視点から見ると消しゴムであるという考え方ができるが、3歳児にはこのように考えることは難しい。

その一方で、3歳の息子は、同じ1つの木の棒を、刀やピストル、場合によっては馬と見立てて足の間にはさんで遊んだりする。新聞紙を丸めたものも同じように使われる。このような見立て遊びをするとき、子どもは見かけと中身の区別ができているようだ。「ぼくの刀はどこ?」と言うので、木の棒を渡すと「木の棒の刀じゃない、紙の刀だよ」と言ったりするからだ。ただし、遊びの中では新聞紙の刀が、新聞紙として使われることはおそらくない。つまり、見立て遊びの中では、丸められた新聞紙は刀であり、1つのアイデンティティしかもたないのだ。

このように見かけと中身、あるいは現実と非現実（虚構）がわかるようになるのには、じつは時間がかかる。現実と非現実の理解は3歳くらいから徐々に可能になるが、サンタクロースのように、親や社会が存在を肯定するものに対しては、小学生になっても現実にいると信じる子どもは少なくない。現に私自身、小学校3年生くらいまでは、母親がその存在を主張すると、そうかもしれないと信じていた覚えがある。

見かけと現実の理解は、目に見える現実と目には見えない心の状態、あるいはことばになっている情報と、なっていない情報とを区別することにつながると考えられている。3歳から5歳くらいの間に、現実と非現実の理解ができ始めるころ、子どもは欲求、想像、考え、計画などといった心の産物と、現実との違いを理解することも徐々にできるようになる。

心の理論

他人の心の中を理解することは、テレパシーでもないかぎり、至難の業である。他人の考えていることを推測するのは難しくても、自分が思っていることなら完璧にわかると言いたいところだが、はたしてそうだろうか。自分の思っていることをことばにしようとして、うまくできなかった経験はないだろうか。自分の心の中でさえ、客観的に把握することはそう簡単ではないのかもしれない。

心の働きは多面的である。私たちが信じたり、疑ったり、考えたり、推測したり、意図したり、判断したり、予測したり、決心したり、感じたり、期待したり、後悔したりするのは、すべて心の働きとしてとらえられることができる。

哲学や心理学で心の進化や発達を考えるときに、広く使われている概念が「心の理論」だ。人間は自分の信じていることにもとづいて行動すると仮定しよう。そうすると、ある人の信じていることがわかれば、その人の行動を予測したり、説明したりすることが可能になる。他人が信じていることは、あくまで推測の範囲でしかわからないが、その人本人に関する情報や、状況や一般知識などを手がかりとして総動員すると、特定の人が特定の状況で信じているであろうことを推測することが可能になる。「心の理論」というのは、そのようにして誰かが心の中で信じていたり、考えていたり、意図していたりすることは何かを、手がかりをもとに仮説を立てて推測していく「能力」のことを指す。「理論」といっても「相対性理論」のように学者が構築した体系ではない。「心を読む(マインド・リーディング)」能力とよばれることもある。

一九八〇年代から、子どもの心の理論の発達を調べるために広く使われるようになった課題が「誤信念課題」とよばれるものである。このよび名は、課題のストーリーの登場人物のひとりが、現実とは違うことを誤って事実として信じている、つまり誤信念をもっているところからきている。

標準的な誤信念課題のひとつ、「物の予期せぬ移動課題」を紹介しよう。ストーリーの登場人物は2人だが、別々に登場するので、2人が一緒に行動することはない。道具立ては、ビー玉(隠されるもの)と、箱とかご(2つの隠し場所)である。まず1人目が出てきて、箱にビー玉を入れてからその場を去る。続いて2人目が出てきて、ビー玉を箱からかごに移し、その場を去る。最後に1人目が戻ってきて、これから先ほどのビー玉を探しに行くところだ、と言うところでストーリーは終わる。このようなストーリーが、人形劇やアニメーションなどによって子どもに見せられる。登場人物は実験によって、ウサギやイヌのような動物だったり、女の子や男の子だったりする。

課題の重要な部分は、ストーリーのあとの問いだ。実験者は子どもに次のような質問をする。「いま戻ってきたウサギさん(＝1人目の登場人物)は、まずどこにビー玉を取りに行くと思う?」。子どもはたいてい4歳から5歳の間に、1人目の登場人物が最初にビー玉を入れた箱のほうに取りに行く、と正しく答えられるようになる。しかし3歳児だとほぼ例外なく、現在ビー玉があるかごのほうに取りに行く、と間違った答えをするのである。

メタ表象能力

「物の予期せぬ移動課題」の問いに正しく答えるためには、1人目の登場人物が誤った信念をもっていることを理解しなくてはならない。その誤った信念は、ストーリーの一部始終を見ていた子ども自身がもっている正しい信念とは異なるものであることも理解する必要がある。つまり、対照的な2つの信念を分けてとらえることができなくてはならない。どうすれば複数の異なった信念を比較することができるのだろうか。

哲学や心理学では、それを可能にするのは「[誰々]は[何々]を信じている(あるいは信じていない)」という構造をもった心的表象を思い浮かべる能力だと考えられている。この考えによれば、右の課題の問いに正答するためには、次のような構造の心的表象を思い浮かべる必要があることになる。

[1人目の登場人物は[ビー玉が箱の中に入っている]と信じている]

このような心的表象は「一次的メタ表象」ともよばれている。「メタ」というのは「何重にも重なる構造のうち、高次の層をなす」というような意味をもつことばだ。「ビー玉が箱の中に入っている」という1つのまとまった表象が、より高次の「1人目の登場人物は○○と信じている」という表象に埋め込まれていることから、このようによばれる。メタ表象を思い浮かべることができる能力を「メタ表象能力」とよぶことも多い。

このようなメタ表象は、信念の理解にかぎらず、意図や態度といったその他の心的状態の理解にも必要であり、さらには発話の理解にも不可欠である。たとえば、ドラマの中で、盗みの現場でつかまったどろぼうが「宝石を盗んだのは俺じゃない」と言ったとしよう。もしそれがうそだと解釈されたとすると、次のような心的表象が作られたと考えられる。うそをついているということは、自分の言ったことを話し手本人は信じていないということをおさえておく必要があるからだ。

「どろぼうは「宝石を盗んだのは自分ではない」と信じていない」

3歳児の話に戻る。メタ表象の概念を使うと、3歳児が誤信念課題に正答できないだけでなく、うそを理解できないのは、このような重層構造を思い浮かべることができないからだと説明できる。メタ表象能力の発達は、心の理解、発話の理解の両方に不可欠なのである。

メタ表象は高次の表象のことであると先に述べた。これまでは一次的メタ表象の話だけをしてきたが、より高次のメタ表象についても話をしないと心の理解の全貌が見えてこない。

たとえば、右のどろぼうの話を聞いた警官がどろぼうの言っていることはうそだと思っているとドラマを見ていた人が思ったとしよう。ドラマを見ていた人の心の中には、次のようなメタ表象が浮かんでいると考えられる。

「警官は「どろぼうは「宝石を盗んだのは自分ではない」と信じていない」と思っている」

ある人が、別の人の思っていることを推測するときには、このような二次的メタ表象が必要だと考えられる。この二次的メタ表象を心に浮かべることができるようになるのは、6歳から8歳くらいだということがわかっている。先に見た皮肉と優しいうそを区別するのに必要な二次的な意図もこの二次的メタ表象である。

二次的メタ表象

子どもが二次的メタ表象能力をもっているかどうかを調べる、二次の誤信念課題というものがある。ストーリーの中で、ひとりの登場人物が別の登場人物が信じていることを誤って理解してしまうのだが、そのような誤解がわかるかどうかを調べるものである。他人が思っていること、信じていることを誤解してしまったことがわかるには、二次的メタ表象が必要になるのである。二次の誤信念課題では、次のようなやや複雑なストーリーが使われる。わかりやすくするために、子どもに聞かせる場合は、絵などを見せながら話をすることが多い。急いで読み飛ばすと大人でも読み間違えそうな少々ややこしい話なので、ゆっくり読んでみてほしい。

（シーン1）たかし君、まなぶ君、みなこちゃんは仲良しの友達だ。動物園にウルトラマンとウルトラセブンが来ていると聞いて、たかし君とみなこちゃんは動物園に行った。しばらくふたりはそこでウルトラマンたちと話していたが、おじいさんとおばあさんが家に遊びに来るからと言って、たかし君はひとりで家に帰った。

（シーン2）みなこちゃんがそこに残っていると、ちょうどまなぶ君がやってきたので、ふたりでウルトラマンたちと話をした。そのうちウルトラセブンが「これからぼくたちは駅前のピンク色のスーパーマーケットに行くよ」と教えてくれた。

（シーン３）みなこちゃんとまなぶ君は家に帰ることにしたが、まなぶ君は途中でたかし君の家に寄って、ウルトラマンたちがピンク色のスーパーマーケットに行ったことを教えてあげたのだった。そして、おじいさんとおばあさんが帰ったあと、たかし君はまたウルトラマンに会いに行くとお母さんに言って出かけた。

（シーン４）そのころ、ウルトラマンたちはピンク色のスーパーマーケットにいた。一方みなこちゃんは、またウルトラマンを見に行こうと思って、たかし君を誘おうと家に電話をしてみた。すると、たかし君のお母さんが出て、「たかしはウルトラマンに会いに行くと言って出かけたわよ」と教えてくれた。


このようなストーリーを聞いたあとで、子どもたちが答えなければならない質問は次のようなものである。

（１）「たかし君がひとりで出かけたのは動物園？　それともピンク色のスーパーマーケット？」
（２）「みなこちゃんは、たかし君がどこに出かけたと思っているかな？　動物園、それともピンク色のスーパーマーケット?」

(1)の正解は、「ピンク色のスーパーマーケット」であり、(2)の正解は「動物園」である。最初の質問には、まなぶ君がたかし君にウルトラマンたちが動物園からスーパーマーケットに移動したことを教えたことを覚えていれば簡単に答えられる。2番目の質問に答えられるかどうかで、二次的メタ表象能力があるかどうかが判断される。というのも、この質問に正しく答えるためには、次のような二次的メタ表象を思い浮かべる必要があるからだ。

「みなこちゃんは「たかし君が「ウルトラマンたちは動物園にいる」と思っている」と思っている」

この質問に正しく答えられるようになるのは6歳以降である。

優しいうそと二次の誤信念

じつは、二次の誤信念課題の質問に正しく答えられる子どもは、この章の初めのほうで見たうそや優しいうそ、皮肉の理解がよくできることがわかっている。

たとえば優しいうその理解と二次の誤信念理解については前に紹介したブルームフィールドらの調査が参考になる。実験の結果、ほしくないプレゼントをもらった男の子が、プレゼントをくれたおばさんに優しいうそをつくと予測した子どものほとんどが、二次の誤信念課題にパスしていたそうだ。二次の誤信念課題にパスできる子どもは、ストーリーの中で、おばさんが男の子の気持ちをどのように解釈し、男の子はおばさんの意図をどのように解釈したかを理解する能力をもっていたと言えるだろう。

ただ、二次の誤信念課題にパスしても、男の子が「ほしくなかったからうれしくない」と正直に答えると予測する子どものほうが数は多かったということだ。「優しいうそ」の効用を理解するのには、二次の誤信念理解以外にも何らかの認知的な発達が必要なのかもしれない。

4　ことばで心を伝えること、ことばから心を理解すること

文の理解と心の理解

重層構造をもつ表象を心の中に思い浮かべることができるのは、おそらく人間だけである。このような心的表象が議論されるようになったのは、文を生成したり理解したりする人間の能力(文法能力ともよばれる)を説明するために、ノーム・チョムスキーという言語学者が心的産物としての言語の重層的な構造について理論を構築したのがはじまりである。複雑な構造をもつ文を心の中に構築できる能力は、私たちが思考したり、他者の考えを理解したり、

意見を交換したりすることを可能にすると考えられている。
子どもは初めから複雑な文を理解したり発したりすることはできない。発達とともにより複雑な文構造を理解することができるようになる。子どもの文法能力の発達、とくに「思う」「言う」といった認識に関わる動詞や発話の動詞の前に別の文があって、「○○は××と思っている」「○○は××と言った」のような構造をもつ文の理解に着目して、一次の誤信念理解との関連を調べた研究がある。じつは先に出てきたどろぼうの発話も同じ構造をもっている。

［おかあさんは［プリンを作るには牛乳が足りない］と思った］
［おかあさんは［牛乳を買ってきて］とお父さんに頼んだ］

ジル・ドゥヴィリエーズたちの研究により、このような文の構造が理解できれば、子どもは一次の誤信念を理解できるが、文構造を理解できない子どもには、誤信念を理解することも困難であることが示されている。たとえば次のようなストーリーを3歳児と4歳児に聞かせたとしよう。

お母さんに買いものを頼まれて、お父さんがスーパーに行きました。無事に買い物を終えて戻ってきたお父さんは、「牛乳買ってきたよ」とお母さんに言いました。でも、お父さんが買ったのは、牛乳ではなくて、飲むヨーグルトでした。お父さんは自分が何を買ったと思っていたのでしょう？

英語圏でのこれまでの研究によると、この問いに「牛乳」と正しく答えられるのは、4歳以降の子どものようである。つまり「〇〇は××と言った・思った」という構造をもつ文の理解ができるようになるのは4歳ごろだということになる。3歳児は、この問いに「飲むヨーグルト」と答えてしまう。肝心なのは、「牛乳」と正しく答えるためには、子どもは次のような一次的メタ表象を思い浮かべる必要があり、3歳児にはそれがまだできないということである。

［お父さんは［自分が牛乳を買った］と思っていた］

ことばの理解にも、心の理解にも、同じメタ表象が関与しているとすれば、文構造の理解と一次の誤信念の理解の時期が重なることは十分にありうると考えられるだろう。

文構造の理解と誤信念の理解の関連については、日本語でも調査が始まっている。「～と思う」という表現は、実際に思考していることを指すときに使われるだけでなく、第一章でふれたように、話の内容に十分確信がもてないことを表すために使われることもある。日本語でも英語でも、「～と思う」「～ことを知っている」というふたつの表現を比較したときに、

「～と思う」と言った人は「～ことを知っている」と言った人より話の内容に自信をもてないと判断できるのは、4歳以降、つまり誤信念を理解できるようになるころだ。思考していることを指す場合でも、確信の低さを表す場合でも、「～と思う」の意味を理解するには文構造の理解、あるいはメタ表象能力が不可欠であると考えられる。

語彙の意味理解と心の理解

文構造の理解が誤信念の理解と結びついていることに加えて、語彙の意味理解も発達的に心の理解と深い関係があることがわかっている。子どもは意味がわからなくてもことばを使っていることもあるため、使っていればわかっていることになるというわけではない。ことばの意味を正しく理解したうえで使っているのかどうかを別に確かめる必要がある。

子どもが思考や信念を表すことばを使い始めるのは4歳以降であることがわかっている。ちょうどそのころ、子どもは一次の誤信念を理解できるようになる。一次の誤信念課題に正答するには、思考や信念の概念を理解する必要がある。そう考えると、4歳以降に子どもが「～と思う」のようなことばを使い始めるのは偶然ではないと思われる。

4歳より前にも、子どもは心の理解に関係するいくつかの概念を獲得する。感情や欲求の概念は2歳ごろまでに、知識の概念は3歳ごろに理解されると考えられている。何かを好きでほしいと思うことや、きらいだからほしくないと思うことの理解は18ヵ月くらいにはできているようだ。よく知られている実験では、14ヵ月児と18ヵ月児の前に、見るからにブロッコリーが好きで、クラッカーがきらいという自分と好みが正反対な人が現れる。その人から「ちょうだい」と手を差し出されたとき、参加した乳児たちは、その人がほしがっているのは自分の好きなクラッカーなのか、きらいなブロッコリーなのかを判断してどちらかを渡さなければならなかった。14ヵ月児が渡したのは自分も好きなクラッカーだったが、18ヵ月児は自分がきらいなブロッコリーを渡したそうだ。自分と他人の好みが違うことが、18ヵ月でわかるということになる。その後、ことばで「好き」「きらい」「ほしい」などと言えるようになるのは2歳ごろ、「うれしい」「悲しい」「怒っている」などということばは3歳から6歳くらいまでの間に使えるようになるようだ。複雑な感情になればなるほど、概念を理解してそれをことばにする時期は遅くなる。

3歳児は基本的な感情の理解に加えて、単純なシナリオであれば、知識のある人とない人を区別することができる。箱の中身を見た人と箱にさわっただけで中身を見ていない人がいれば、見た人はその中身を知っていて、見ていない人は知らないというような判断ができるようになる。第一章で見たように、3歳児は話し手の確信度をうまく判断できることもある。たとえば文末助詞の「よ」と「かな」や、上昇・下降のイントネーションを手がかりに自信がありそうな人となさそうな人を見分けることができる。これも、3歳ごろに知識の概念を理解し始めることとあわせると、不思議なことではないだろう。

もちろん一次の誤信念課題に正答できれば、信念や思考に関する概念はすべて獲得したと言えるかというと、そうではない。より抽象的な概念や、複雑な概念を理解したりことばで表現したりすることができるのは8歳か9歳ごろになるようだ。第一章で見たように、話し手が言っていることが信頼できる証拠にもとづいているのかどうかを判断するのに必要な証拠性の概念は6歳から8歳までの間に徐々に理解できるようになる。単純な知識の有無は3歳ごろに理解できるが、「話し手が情報源であり、その情報の質によって聞き手が有益な知識を得られるかどうかが決まる」ということがわかるまで、5年ほどかかることになる。

このように見てくると、私たちが心を理解する力も、心を理解したり伝えたりするためにことばを使う力も、時間をかけて成熟することがよくわかる。ことばから心を理解する力、つまりコミュニケーション能力は熟成を要するのだ。

しかし、ことばから心を理解することは、じつは大人にとっても簡単なことではない。残りの章では、そのことを少しずつ説明していきたい。まず次の章では、ことばから心を理解することが困難である障害、語用障害を取り上げることにする。

第三章　語用障害が教えてくれること

「のどから手が出る」「おしりに火がつく」「ひざが笑う」「骨が折れる」といった慣用句は、文字どおりの意味とは違う別の意味を慣習的に伝える。これらの慣用句を、「何かが非常にほしい」「物事が差し迫る」「疲れてひざに力が入らない」「大変だ」という意味で使ったり理解したりすることは、多くの大人にとって難しいことではないだろう。ただし、慣用句としての意味ではなく文字どおりの意味で、実際におしりに火がつくことや骨が折れることはありうるので、解釈に迷うこともある。柔道の山下泰裕さんが現役時代に「柔道は骨が折れますか(大変ですか)」と昭和天皇に尋ねられ、とっさに過去の大会で骨折したことを思い出し「二年前に骨折しましたが、今はがんばっています」と答えたことは、当時ほほえましいエピソードとして話題になった。

慣用句の意味は、ひとつひとつのことばの意味を合わせた意味とは違う。「骨」「が」「折れる」というそれぞれのことばの意味を知っていれば、「骨が折れる」という表現が「骨折する」という表現と同じ意味をもつことは理解できる。しかし、「骨が折れる」の慣用句としての意味、つまり「大変である」は、使われていることばの全体がもつ意味であって、それぞれの部分の意味を足してできた意味ではない。慣用句は、同じことばの組み合わせでも、文脈によってその解釈が大幅に変わることを端的に示す例である。誰でも山下さんのように、意味を取り違えてしまう可能性がある。

もちろん、ことばが使われたとき、その解釈の可能性がいくつもあるというのは慣用句に限ったことではない。たとえば、前章で見た皮肉は、ことばの意味と話し手が伝えたいことが極端に違う例だ。むしろ皮肉の場合は、解釈の可能性が複数あるということはわかりやすいかもしれない。しかし、じつは会話でよく使われるなにげない表現も、解釈の可能性を複数もっている場合が少なくない。その解釈は、皮肉や冗談と同様、これまで会話でどんなことが話されたかとか、聞き手と話し手がどんな関係にあるのかなどの情報を含めた、「文脈」とよばれるいくつもの情報を統合していくことによって初めて可能になる。

ただ、「なにげない表現の解釈に文脈が関わっている」と言われても、それを実感することは簡単ではないかもしれない。「なにげない」表現は、使っている側にも、聞いている側にも、特段意識されないことばだからだ。皮肉を理解するときは、それなりの認知的負荷が感じられるため、解釈の複雑さを実感しやすい。なにげない表現は認知的負荷があまりない分、解釈していることを意識することは稀だろう。

なにげなく言った、あるいは言われた、ひとことの重みを感じることができる唯一の機会は、そこに何らかの違和感が生じるとき、つまりことばを発しても思ったようには解釈されない、あるいはことばを聞いてもうまく解釈できないというときかもしれない。皮肉や冗談を解釈する際、何らかの違和感が生じることは想定内だ。その違和感こそ、皮肉を皮肉として理解し、冗談を冗談として理解する手がかりになる。一方、皮肉でも冗談でもない普通の会話で違和感が生じると、たいていの場合、コミュニケーションの流れがそこで止まり、むしろマイナスの効果を生む。そのような違和感は、できるだけ避けたいものだ。だが、この違和感は、皮肉や冗談の場合も、普通の会話の場合も共通に、会話のことばを理解するプロセスの複雑さに気づく機会を与えてくれるという点では貴重なものだ。そしてそのような気づきは、それ以降のコミュニケーションを理想の形に近づけるために不可欠である。

会話に出てくるなにげない表現に対して、戸惑ったり、違和感をもったりすることが日常茶飯事である人たちもいる。語用障害をもつ人たちだ。高機能自閉症やアスペルガー症候群と診断され、語用障害をもつ人の中には、文法にかなった文章を書いたり理解したりする能力が非常に高い人たちもいる。その人たちの手記を読むと、なにげない表現の解釈は、じつはかなり複雑なプロセスであることに気づかされる。この章では、語用障害をもつ人たちの手記の助けを借りつつ、会話に使われることばの理解と文脈との関係について考えてみたい。

1　なにげない表現につまずく

慣用句や比喩

「骨が折れた」「耳が痛かった」「油を売っている」などという表現は、日常会話で、慣用

「寝耳に水」の視覚的イメージ

句としても、文字どおりの意味でもよく使われる。語用障害がある人にとっては、このような表現は理解が難しい。高機能自閉症の小道モコさんは、「知りたいのは山々」という表現について著書の中でこう書いている。「「山々」は私にとっては、晴れた日の緑色の山脈が、視界いっぱいに連なっている感じです。」そういう小道さんにとって、「山々」を「たくさん（山ほど）ある様子」と解釈することはかなり難しいそうだ。

小道さんは、このような慣用句を理解できない別の理由として、会話のことばを理解するときに、文字や映像などの視覚刺激を思い浮かべて理解することを挙げている。たとえば小道さんにとって、「寝耳に水」の視覚的なイメージは、まさに顔を横に向けて寝ている人の上側の耳にじょうろで水をかけるというものだそうだ。

同様の理由で、語用障害があると、比喩的な表現も解釈が難しいと言われている。インターネットに見られる投稿やコラムでよく取り上げられている表現は「まっすぐ帰ってきなさい」だ。語用障害があると文字どおりの解釈をしがちなので、本来の「どこにも寄らずに帰ってくる」という意味ではなく、「物理的にまっすぐ歩いて帰ってくる」という意味だと理解しがちだ。「学校が終わったら飛んで帰って来て！」と母親に言われたアスペルガー症候群の男の子が真顔で「僕、飛べない、どうやって飛ぶの？…」と返答したことや（ブログ「意味不明な人々」2008年2月4日の記事に対するコメントより）、父親に「空気が読めるようになりなさい」と言われた高機能自閉症の男の子が、驚いて父親に「空気は読んではいけません。吸いなさい」と言ってから、「読むのは字です」と付け加えたこと（佐々木正美「自閉症スペクトラムの子どもに寄せて」より）も、同様の例として挙げられている。

リアン・ホリデー・ウィリーさんはアスペルガー症候群のアメリカ人である。著書によると、子どものころ、母親に「おうちの屋根が見えるところにしか行っちゃだめよ」と言われたそうだ。そのあと、小学校の校庭に遊びに行って、校舎の屋根に登ったらしい。「学校からおうちの屋根を見ようと思ったら、屋根に登らないと見えない」からというのが彼女の言い分だったが、本人の意図せぬところで大騒ぎになってしまった。母親が言いたかったことは「遠くへ行きすぎて迷子にならないように」ということだと気づいたのは、かなりあとになってからだったようだ。ウィリーさんはそのころを振り返って次のように言っている。

ことばと意味とは一対一で対応していると思っていた。一つの文に二つ以上の意味があるなんて考えたこともないから、耳にした文がそのまま語り手の意図だと信じて疑わなかった。

（リアン・ホリデー・ウィリー『アスペルガー的人生』22頁）

遠まわしの言い方

会話の中で頻繁に使われる遠まわしの言い方は、語用障害のある人にとって、さらに解釈が難しいかもしれない。たとえば私がコップを取ってほしいと思って「そこのコップ取れる？」と近くにいた妹に頼んだとしよう。もし妹が「うん」と返事をしたのにコップを取って渡してくれなかったとしたら、私はかなり面食らうだろう。もしかすると怒っているのかな、と思うかもしれない。コップを取って渡してほしいという私の気持ちを妹は当然理解するだろうと思っているからだ。それなのに取ってくれないのは何か訳があると思ってもおかしくないだろう。

しかし、語用障害がある場合、「コップ取れる？」という問いはあくまでコップを取れるか取れないかを尋ねているものであって、「コップを取って渡してほしい」という意味には解釈のしようがない。そのため、コップは取らずに「うん、取れるよ」と返答をすることはごく当たり前の、誠実な反応なのである。

依頼や要請に間接的な表現を使うのは日本人だけではない。スウェーデン人で高機能自閉症者のグニラ・ガーランドさんは幼い日のことを次のように振り返っている。

母の質問に「うん」と答えるとき、私は、そう答えたら後々どうなるかまでは理解していなかった。……たとえば、「……できる?」ときかれて「うん」と答えるとき、私は「うん、できる」と言っているつもりだった。この同じ返答が「わかった。……するよ」という意味にもなりうるだなんて、私には全く異質な発想だった。……そんなわけで、「部屋のお片づけできる?」という母の質問に「うん」と答えると、予想外の結果が生じることになる。私は、なぜみんなが不機嫌になるのか、全く わからなかった。

（グニラ・ガーランド『ずっと「普通」になりたかった。』92頁）

また、ガーランドさんは「お電話番号をおうかがいしたいと思いまして」という質問が「お電話番号は何番ですか?」という意味だとはまったく理解できなかったと書いている。このような間接的な依頼表現を何度聞いても、その経験を生かして遠まわしのものの言い方に慣れるということはなかったそうだ。「よい週末をお過ごしください」と言われたときに、「ありがとうございます。そちらこそ」と答えられるのはなぜか、見当もつかないとも書いている。自閉症やアスペルガー症候群の人たちは、このような世間話の意図が理解できない一方で、質問の内容はわかるので、むしろなぜそんなことを聞くのだろうということが気になってしまうこともあるそうだ。世間話や社交辞令も、文脈の理解ができないと苦痛の種となってしまう可能性がある。

おおざっぱな表現

日常会話ではおおざっぱな表現が意図的に使われることも少なくない。おおざっぱな表現とは、たとえば次のようなことばである。

「しばらく見ないうちに大きくなったわね」(「しばらく」とはいつからいつまで？)
「もうすぐ小学校ですね」(「もうすぐ」とはどのくらいの期間？)
「もう近くまで来ています」(「近く」とはどのくらいの距離？)
「ご高齢なので」(「高齢」とは何歳から何歳まで？)

友達に「ちょっと待ってて」と言われたときのことについて、わかりやすく説明しているのは小道モコさんだ。小道さんは「ちょっと待ってて」と言われた場所を動かず、そこで長い時間立っていたそうだ。そうせざるを得なかった理由がふたつ挙げられている。ひとつめは「ちょっと」ということばがあいまいであることだ。自分の中では「ちょっと」は5、6

分と思っていたけれど、人によってそれより短かったり長かったりすることに経験から気がつき、困っていたそうだ。もうひとつは「待つ」ことの困難さだ。本を読みながら待つとか、そのあたりをぶらぶらして待つとか、待つのにもいろいろなオプションが考えられるが、小道さんには「待つ」こととほかのことを「すり替える」ことが難しいのだという。そのために「他のことをして、自分が何をしているのかわからなくなるより、じーっと待っていたほうがラク」と感じるそうだ。

車の運転を習っているとき、「後方に注意して」と言われたことはないだろうか。運転中であれば、バックミラーを見て、後続の車との車間距離を確認したり、駐車するときにはサイドミラーを見たり、実際に後ろを向いて自分の目で確認することも必要だ。が、この表現、車の運転に慣れない人には非常にあいまいな表現である。アスペルガー症候群のイギリス人ウェンディ・ローソンさんも、車の運転を習っていたとき、教官に「もっと後方に注意しないと」と言われたそうだ。それで自分の背中をさわってみたり、座席の背もたれを調べてみたり、体をひねって後ろを見まわしたりしたものの、教官はそんなことはしなくてもよいと言うばかり。結局、「自分はどうがんばっても、後ろに注意することはできないんだ」と思ったそうだ。教官が言いたかったのはサイドミラーを見るということだったと後にわかったそうだ。「最初からそう言ってくれたらよかったのに」と思うのは彼女だけではないかもしれない。

省略や代名詞、簡潔なものの言い方

会話では長い文はほとんど使われない。一語でも立派な会話ができる。たとえば、「水」と言われて「はい」と答える場合を考えてみよう。「水」ということばには「水があります」「水をください」「水をまいてください」「水を鍋に入れてください」「水を買ってきてください」「水がこぼれています」などなど、さまざまなことを伝える可能性がある。どのような意味を伝えるかは、会話の文脈によって決まる。そのため、文脈の理解が難しい場合、一語のセリフを解釈するのは困難だろう。文脈がわからないと、「あれ」「それ」「あそこ」「そこ」などの代名詞も理解しにくい。アスペルガー症候群であり、言語聴覚士でもある村上由美さんは、次のような指摘をしている。

たとえば、「それを持ってきて」とか「あそこに置いて」と言われたら、通常は周囲の状況や相手の表情などから「それ」は何か、「あそこ」はどこかを察することができる。ところがアスペルガーの人のなかには、「それ」や「あそこ」を具体的に指示されなければ行動に移せない人もいる。
（村上由美『アスペルガーの館』6頁）

「あれ」ということばが使われたとき、「あれ」になりうるものがその場にひとつしかないということは稀である。そこで、前後の話の流れや、話し手の欲求や必要性を考慮して、「あれ」ということばが何を指しているのか絞る必要がある。そのため、文脈の理解が困難な語用障害の場合、「あれ取って」とか「そこに座って」と言われても理解ができないことが少なくないのだろう。情報をより具体的にことばにして、「テーブルの上にある新聞取って」とか、「本棚の前の椅子に座って」と言われると、文脈に依存する割合が少なくなるので、理解がしやすくなるそうだ。

一語で会話が成り立ったり、代名詞が使われたりするのは日本語だけではないが、会話の中で主語や目的語が省略されることが多いのは、日本語の特徴だろう。省略された主語や目的語は会話の文脈から補わなければいけないから、文脈の理解が苦手な場合には、何の話なのかわからなくて困ることが多いという。ここでも、たとえば「もうできた?」「もう終わった?」ではなく、「英語の宿題はもうできた?」とか「会議はもう終わった?」とことばにして情報が与えられたほうが理解しやすい。

アスペルガー症候群の高橋紗都さんは、10歳のときの日記にこう書いている。

この前の朝のこと。ゴハンを食べていると、お母さんは「それ、食べ終わったら食器洗って、片付けておいてね」と言いました。私は「片づける」というのは「食器を片づける」という意味にとっていました。この時は、「それ」という言葉がわかったので、

「ヤッター、「それ」という言葉がわかった〜」と思いました。で、言われたとおり、食器洗いをしたのですが、その後キッチンを見たお母さんは「どろぼうが、片付けたみたい」と言って、次は「パンとかも冷ぞう庫に入ってない」と言いました。私は「何で言われたとおりに、食器洗いもしたのに……」と思いました。お母さんに聞いてみると、「だって、食器は片付いているけど、パンとか、冷ぞう庫に入ってないもん」と教えてくれました。……多数派界では、長い言葉は、だいたい省略するなあ……！

（高橋紗都・高橋尚美『うわわ手帳と私のアスペルガー症候群』66―67頁）

当然通じると思って、何も考えずにことばを省略したり、あいまいな表現を使うことが日常会話では当たり前になっていることにハッと気がつかされることばである。高橋紗都さんのお母さんの尚美さんは、紗都さんから「お母さんは何でもあいまいで省略する人や〜」とよく言われると書いている。

「もう少し、もうちょっと、あれ、それ」これらの言葉は何にでも使えて便利ですが、とてもあいまいな表現です。娘と暮らしていると、私たちがこのあいまいな表現で通じ合っていることが、逆に不思議に感じることもあります。娘が言うことは確かに間違っていません。なぜだかわからないけれども通じる私たちも、考えてみれば不思議で、なるほど、娘から見れば私は間違いなく「あいまい人、省略人」です。

（高橋紗都・高橋尚美『うわ手帳と私のアスペルガー症候群』124―125頁）

私たちのほとんどが、「あいまい人、省略人」であることを少しでも意識できると、コミュニケーションがもっとうまくいくようになるような気がするのだが、どうだろうか。

2 言った人の気持ちを読みとるのが難しい

うそ・皮肉・冗談

テンプル・グランディンさんは、「自閉症者はよくだまされる」と言っている。ことばを額面どおりに受け取ってしまうためであり、また、相手を疑うのに必要な手がかりに気がつかないためだという。

語用障害のように文脈の理解ができない場合、ことばのウラにある話し手の意図を理解することが苦手であることは、実験によっても明らかにされている。英国の研究者フランチェスカ・ハッペは、額面どおりではない解釈が必要となる会話のことばを、自閉症の子どもや大人が正しく理解できるかどうかを調査した。参加者は、「うそ」「優しいうそ」「冗談」「たとえ話」「説得」「皮肉」などが含まれたストーリーを聞かされた。たとえば「優しいうそ」

と「説得」のストーリーは次のようなものだった。

「優しいうそ」
ヘレンはクリスマスをずっと待っていた。両親からのクリスマスのプレゼントは、ウサギをもらえると思っていたから。ヘレンはこの世で一番ウサギがほしかった。クリスマスの日、ヘレンは両親がくれたプレゼントの大きな箱を見つけて駆け寄った。これは小さなウサギが入っているかごに間違いないと思えた。でも、家族みんなが見守る中、それを開けてみたら、中身はつまらない古い百科事典だった。ヘレンはそんなものはちっともほしくなかった。それでも、両親にプレゼントが気に入ったかどうか尋ねられると、ヘレンは「素敵な贈り物をどうもありがとう。ちょうどこれがほしかったのよ」と言った。

「説得」
ジェーンは子猫を買いたいと思っていたから、スミスさんに会いに行った。スミスさんは子猫をたくさん持っていたけれど、手放したいと思っていたから。スミスさんは子猫が大好きで、大切にしたいと思っていたけれど、子猫をすべて自分のところで飼うことができなかったのだ。でもジェーンはスミスさんの家に行ったとき、そこにいた子猫がほしいかどうか、すぐには決められなかった。メスの子猫がほしかったのに、そこにはオスの子猫しかいなかったからだった。それでスミスさんはジェーンに言った。「誰もこの子猫たちを買わなかったら、私は子猫たちを川でおぼれさせるしかないわ」。

この調査の目的は、ストーリーの最後に出てくるセリフを聞いて、そのウラにある話し手の意図を参加者が理解しているかどうかを調べることだった。自閉症の子どもや大人は、「話し手はどうしてそのようなことを言ったのか」という質問に対して、妥当な返答ができる場合もあったが、そうでない場合も多かった。たとえば、「優しいうそ」のストーリーに出てくるヘレンの発話を「ヘレンは百科事典をウサギと思ったから」と説明したり、「説得」のストーリーに出てくるスミス夫人の発話について「冗談を言っただけだ」と言ったりしたと報告されている。

アスペルガー症候群の大人がうそと冗談を区別できるかどうかを調査した研究もある。まず、次の短いストーリーを読んで、最後のサリーの発話がうそだったか冗談だったかを考えてみてほしい。

クリスマスイブの晩、サリーは興奮して眠れなかった。ベッドから起き出して下の部屋にこっそり降りて、部屋にあったクリスマスツリーのほうへ行ってみた。サリーは自分の名前が書かれたプレゼントの包みを見つけると、それを開けてみた。赤いセーターだった。ちょうどそのとき母親が部屋に入ってきたが、母親は翌朝までサリーに何も言わないでおくことにした。サリーは母親には気づかず、注意深くセーターをもとのように包んでツリーの下に置いた。翌朝、家族そろってクリスマスのプレゼントを開けることになった。サリーが自分のプレゼントを開けているとき、母親は「サリー、プレゼントに驚いたかしら？」と尋ねた。するとサリーは「ええ、驚いたわ。だって赤いセーターをもらえるなんて思ってもみなかったから」と答えた。

この最後のサリーのセリフはうそと解釈されるべきものである。サリーはすでにプレゼントの中身を前の晩に見て知っていたから、プレゼントに驚くはずがないからだ。そしてサリー自身は、自分がプレゼントの中身を見たことを母親が知っているとは気づいていなかったことから、自分が「ええ、驚いたわ」と言えば、母親はそれを信じると思っていたことが推察できる。自分が信じていないことを、あたかも信じているかのように相手に思わせる意図がうそのウラにはある。

今度はストーリーの一部を変えて、イブの夜、母親がプレゼントを見に来たサリーに話しかけたとしよう。サリーと母親はふたりがその晩同じ部屋にいたことを互いに確認したということになる。そうすると、翌朝サリーがまったく同じことを言ったとしても、今度はうそとしてではなく、冗談か皮肉として理解されることだろう。話し手のサリーと聞き手の母親の両方が、前の晩の出来事を知っていることを前提に会話がなされているからである。冗談や皮肉には、話し手がわざと自分が信じていないことを言っているということを、聞き手にも認識してもらいたいという意図がこめられている。

調査に参加したアスペルガー症候群の人たちにとって、この最後の発話がうそか冗談かという選択は非常に難しかったと報告されている。聞き手がうそや冗談を理解するためには、話し手自身が自分の信じていることを言っているのか、それとも信じていないことを口にしているのかを推測することに加えて、話し手が信じてもいないことを言っている場合に、そのことを聞き手に隠しておきたいのか知らせたいのかについても推測できなければならない。そのプロセスは、ことばを額面どおりに理解するのに比べて、はるかに複雑である。

気持ちや態度を表す表現

コミュニケーション以前の問題かもしれないが、自閉症やアスペルガー症候群の人たちの中には、自分の気持ちをことばにすることが苦手な人が少なくない。次のコメントからもそれが伝わってくる。

わたし自身に感情があることは確かだった。だがそれは、人と接する時に、あまり生き生きとは働いてくれないのだ。

（ドナ・ウィリアムズ『自閉症だったわたしへ』121頁）

自分の感情をことばで表すことができないばかりでなく、周囲の人たちの感情を理解することも、自閉症やアスペルガー症候群の人たちには困難である場合が多いようだ。とくに、顔の表情やジェスチャーから目の前の相手の気持ちを読みとることが難しいとされている。それに比べると、話しことばを声だけで聞くことのほうが楽だったと言っているのはテンプル・グランディンさんだ。

私は微妙な感情の兆候が読めない。試行錯誤しながら、独特のジェスチャーや顔の表情の意味を読む訓練を続けている。ビジネスを始めたころ、私は電話で最初のコンタクトをするほうを好んだ。そのほうが相手の表情やしぐさにとらわれずにすむので、楽だったからである。

（テンプル・グランディン『自閉症の才能開発』183―184頁）

自閉症やアスペルガー症候群の人たちには、話し相手の感情がまったく理解できないのかというとそうではない。とくにことばによって気持ちが伝えられたときは、顔の表情やジェスチャーよりは、はるかに理解がしやすいようだ。はっきり相手の気持ちがつかめるということはないにしても、ことばの解釈をきっかけに、相手の気持ちを理解しようとする試行錯誤が始まるという点で、非言語的な手がかりよりも有効だと言えるのかもしれない。リアン・ホリデー・ウィリーさんの次のコメントから、そのことがうかがえる。個人的には、ここまで相手の気持ちを理解しようとする態度には頭が下がる思いがする。

夫に「お昼は君と一緒に食べられると思ってたのに。とんだ当て外れだったよ」と言われたとしよう。すると私は、夫の言わんとしていることが掴めず、たちまち迷ってしまう。彼は「つまらなかった」と言いたいのだろうか？　だとしたら、単に残念に思っただけだろう。それとも、「気を悪くした」のだろうか？　これは、「頭にきた」と「つまらなかった」の中間くらいのはずだ。あるいは、「がっかりした」という意味だろうか？　これは、寂しさの混じった「つまらない」だろう。もしかしたら「頭にきた」のだろうか？　もしそうなら、相手とその件について言い争いたいはずだ。あるいは、「腹が立った」のかもしれない。それだったら、相手とは口もききたくないだろう。それとも、「むかついた」のだろうか？　そうであれば、唾を吐きかけてやりたくなるに違いない。それとも、そのどれとも違うのだろうか？

（リアン・ホリデー・ウィリー『アスペルガー的人生』110頁）

自閉症やアスペルガー症候群の人にとっては、ことばの額面どおりの意味が伝える感情がもっともわかりやすいと考えられる。それ以上の目に見えない感情の理解については、やはり文脈をもとにして推測することが必要になるため、困難がともなうようだ。感情をはっきりとことばにして伝えることの大切さが伝わってくるのが次のコメントだ。

私は、多数派が喜ぶことは何かわかりません。喜んでくれていても、気付かないかもしれません。私は、人の笑顔を見ると、とってもいい気分になります。人を喜ばしてあげたいと思い、いろいろなことをしてきました。例えば、お風呂のタオルを用意して、あがるとドライヤーが用意してある、そんなことをしてみたり。……今度は、お茶を出してみよう。でも出した時に言われたことは、「おっ、何や、ありがとう」でした。

（高橋紗都・高橋尚美『うわわ手帳と私のアスペルガー症候群』64頁）

高橋紗都さんは、「ありがとう」と笑顔で言われても、それを喜んでいる表現だとはとらえていなかったそうだ。「相手に何かしてもらった時のお礼の言葉」と理解していたため、それが喜びの表現にもなるとは考えていなかったと言う。これは、言われてみないとなかなかわからないことだ。確かに「ありがとう」と言った人が必ず喜んでいるとは限らないだろう。母親の尚美さんによると、喜んでいることを伝えるときは「ありがとう、うれしいよ」ときちんとことばにするとうまくいくそうだ。

ことばを通して相手が気持ちを伝えてくるときには、たいていうれしい声や悲しい声、怒った声などがともなう。相手の声の調子から気持ちを読むことは重要なことで、これについては後で詳しく取り上げることにする。文脈の理解が難しい場合でも、声の調子は、次に見る文末助詞とともに、相手の気持ちや態度を理解する手がかりになる可能性がありそうだ。

会話のことば、文末助詞は手がかりになる

日本語の会話では、文末に「よ」「ね」「かな」などの助詞をつけることがほとんどである。逆につけないと、ぶっきらぼうで、なんだか機嫌が悪そうな印象を与えかねない話し方になってしまう。第一章で紹介したように、文末助詞は、2歳の子どもにも使えることばである。3歳になると、文末助詞の「よ」を使う話し手が強い自信をもって話していること、一方「かな」を使う話し手は自信がないことがわかる。会話で使われる頻度が非常に高いことも、子どもが早いうちから文末助詞の意味を正しく理解することにつながっていると思われる。

自閉症やアスペルガー症候群の子どもも文末助詞の意味を理解して使っているのだろうか。主に英語圏のこれまでの研究では、自閉症の子どもの場合、心の状態を表すことばを使うことも理解することも困難であると報告されていて、それはことばの理解以前に、心の状態を把握することが自閉症の子どもには難しいためだと考えられている。この考え方をあてはめると、日本で育つ自閉症の子どもは、一種の心の状態である話し手の自信の強弱を示す

「よ」や「かな」などの文末助詞を理解することが難しいのではないかと予測ができそうだ。はたしてそうなのだろうか。

日本語を話す自閉症の子どもの文末助詞の使用や理解については、まだ研究が少ない。そうしたなか、綿巻徹が、文末助詞の使用が少ないこと、とくに「ね」を使うことがあまりないことを報告している。会話の相手に対して話し手が自分の態度を示すときに文末助詞が用いられることを考えると、心の状態を理解することが困難な自閉症児が文末助詞をあまり使わないというのは不思議なことではないと思われる。ただ、研究の対象とされた子どもの人数はまだまだ少ないことから、私たちのグループでも高機能自閉症の子どもの文末助詞の使用と理解について調査をおこなうことにした。

母親との会話の中で、どの程度文末助詞を使っているのかについて、高機能自閉症の子どもと平均的な発達パターンをたどっている子ども（以下「定型発達の子ども」とよぶ）を12名ずつ比較してみた。すると、これまでの調査結果とは異なり、自閉症の子どもも定型発達の子どもとほぼ同じ頻度で「よ」「かな」「ね」を用いていることがわかったのである。会話ができる自閉症の子どもは、文末助詞も正しく使えるということは新しい発見だったが、どのようなメカニズムでそれが可能になるのかはまだわかっておらず、これからの課題である。母親をはじめとして、周囲の大人が高頻度で使用していることがおそらくその要因のひとつではないかと考えている。

一方、理解面に関しては、高機能自閉症の子どもが、文末に「よ」あるいは「かな」を含む発話を聞いて、話し手が自信をもって話しているか否かを理解することができるかどうかを調べることにした。実験では、「トマ」などといった初めて耳にすることばを子どもが学習する際、自信をもっている話し手からは学習するが、自信のない話し手からは学習しないという区別をつけられるかどうかを調べた。ことばを教えてくれる2人の人物が登場し、それぞれ別のものを指して、1人は「トマはこれだよ」と言い、もう1人は「トマはこれかな」と言うのだ。どちらか1つだけがトマだと言われている子どもは、2人のうち1人が指すものを選ばなくてはならなかった。「トマはこれだよ」と自信をもって言った人物が指したものを選ぶことができれば正解だった。

実験の結果は大変興味深いものだった。自閉症の子ども(12名)は、定型発達の子ども(12名)と同じように、文末に「よ」を使った人の指したものが「トマ」であると判断することができたのである。「よ」と言った人は自分の言っていることに自信があり、「かな」と言った人は自信がないということを理解できていたと考えられる。話し手が自信をもって話しているのか否かという、目に見えない心の状態を自閉症の子どもが言語的な手がかりから理解し、それを学習に反映させることができるという発見は、教育的な観点からも大変重要である。

声の調子

話し手が、自分の言っていることに自信をもっているかどうかは、声の調子で表すこともできる。話している内容に自信があるときには、たいてい下降調のイントネーションが用いられる。逆に、自信がないときには、文末に向けて上昇するイントネーションが使われる。大人であれば、国や文化にかかわらず、下降調・上昇調のイントネーションを聞いて、話し手の自信の程度を推測することができることがわかっている。

子どもに関しては、言語や文化で理解の程度に差が出るようだ。日本人の定型発達の3歳児は、上昇調のイントネーションを用いて話している人からは語彙を学習せず、下降調のイントネーションを用いて話す自信たっぷりの人からは学習することを第一章に書いた。対照的にドイツ人は5歳児でも語彙学習に上昇調・下降調のイントネーションの差を生かそうとはしなかったことにもふれた。さて自閉症の子どもは、イントネーションが表す話し手の自信の強弱の程度を理解することができるのだろうか。

そのことを調べるために、文末助詞を使った実験をイントネーションを使ってやってみた。ことばが指すものを教えてくれる人が2人登場するのだが、1人は上昇調のイントネーションで、もう1人は下降調のイントネーションで、「これがトマ」と言いながら、それぞれ別々のものを指さすのである。子どもは、どちらか1つだけがトマであることを聞かされていて、それぞれが指さしたもののうち1つを選ばなければならなかった。その際、下降調のイントネーションで話した人物が指したものを選択すれば正解となる。

実験の結果わかったことは、定型発達の子どもと対照的に、自閉症の子どもは上昇調・下降調のイントネーションを語彙学習の手がかりとして使うことができなかったということである。文末助詞の「よ」と「かな」に比べると、2種類のイントネーションの差をとらえることは、自閉症の子どもには難しかったのだろう。ただし、2種類のイントネーションの差をもっと大げさにしたり、一度でなく数回同じイントネーションのパターンを聞かせたりすることで、自閉症の子どもにもその違いがわかりやすくなる可能性もあるようだ。現在、その調査を進めているところだ。

一般的に、自閉症の子どもが声の調子の理解を苦手とすることは広く知られている。話し手の自信の程度を示すイントネーションの理解についての研究はまだほとんどないが、感情を表す声の調子の理解についての研究は以前から多く、一定の結果が出されている。たとえば自閉症の子どもにとって、声が表している感情と同じ感情を表している顔の表情を結びつけることは難しいとされている。

しかし何から何までわからないというわけではない。フレッド・ボルクマーの研究グループが、14歳から21歳の高機能自閉症者を対象に調査をおこなった結果、穏やかな話し方と興奮した話し方を区別できること、また大人に話しかけるときのイントネーションと子どもに話しかけるときのイントネーションの区別ができると報告している。

個人差はあると思うが、小道モコさんの場合は、声色は相手を理解するために頼りになる手がかりであったようだ。

私の場合大事なのは、顔や表情よりも「声」のようです。人の「声色（こわいろ）」にはとても敏感です。顔よりも、声のほうが、表情豊かだと私は感じています。どんなに優しい顔で言ってもらっても、声色が伴っていないと、とても不安になります。顔の表情は、心とウラハラにできても、声は難しい、と思います。「声」は正直にその人の心が出てしまうような気がしています。

（小道モコ『あたし研究』108頁）

声の調子は、顔の表情やジェスチャーに比べると、自閉症やアスペルガー症候群の人にとって利用価値の高いものなのかもしれない。多くの本に、アスペルガー症候群の人に伝えたいことがある場合、話しことばはわかりにくいので、書きことばでコミュニケーションをしたほうがよいと書いてある。しかし、当事者の手記を読んで感じるのは、声の調子など、話しことばでしか伝わらない情報もあることから、少なくとも親しい間柄であれば、話しことばで会話をすることにも大きな意味があるのではないかということだ。もちろん個人差はあると思うが、声の調子に集中できるように話し手が工夫してくれれば、自閉症の人にも理解できることが多くなるのではないだろうか。

声の調子の理解については、もうひとつ大切なことがある。もともとことばの意味を額面どおりに理解しようとする傾向の強い自閉症やアスペルガー症候群の人にとっては、ことばの意味をとらえることに大きな負担がかかると、声の調子にまで注意が向かなくなったり、混乱してしまったりすることもあるという点だ。逆に、声の調子に集中しようとすると、ことばの意味がとらえられなくなる場合もある。テンプル・グランディンさんは、ドナ・ウィリアムズさんの手記を引用して、次のように述べている。

ダーナ・ウイリアムズはその著書の中で、「私は子供時代にはおうむ返しの問題を持っていて、言語の目的やその意義が理解できていなかった」と述べている。彼女は言葉や口調を総合的にとらえられなかったのである。そのころは声のイントネーションも言葉の一種と思っていたのだ。イントネーションに集中すると、言葉は耳に入らなかったという。

（テンプル・グランディン『自閉症の才能開発』88頁）

ことばが額面どおりに伝えている感情と、声の調子が伝えている感情がほぼ同じである場合が、いちばん理解しやすいパターンではないかと思う。逆に、たとえばことばでは喜んでいるのに、声の調子は怒っているというような場合は、解釈が非常に難しいと感じられるのではないだろうか。私たちの調査でも、それを示唆する結果が出ている。実験では、「うれしい」「悲しい」「おいしい」「まずい」などの形容詞を、そのことばに合った声の調子と、ことばとは合わない声の調子の両方で録音し、高機能自閉症と定型発達の小学生（それぞれ20名ずつ）に聞いてもらった。そしてその音声を聞いたあと、笑顔の写真と不満げな顔の写真を見せて、どちらの顔の人が今聞いたことばを言っていたと思うかを尋ねた。

この実験の結果、高機能自閉症の小学生は、ことばの額面どおりの意味と合う顔の表情を選ぶ傾向があることがわかった。ことばの意味と顔の表情を正しく結びつけることができたのである。そして、ことばの意味と、声の調子が合致しているときには、定型発達の子どもと同レベルの理解ができていた。声の調子とことばの意味が合致していなかったときには、ことばの意味を優先してとらえていたのである。

一方、定型発達の小学生は、ことばの意味と声の調子が合致しない場合、声の調子に合った顔の表情を選ぶことが多かった。これも大変興味深い結果である。

3　「わかったつもり」を見直そう

言い間違いとしては理解できない

ことばの額面どおりの意味と、それを使って話し手が伝えようとしていること、つまり「話し手の意味」はほとんどの場合、程度の差はあれ、ずれているものだ。そしてそのずれは、ことばの意味と文脈をもとにした推論によって埋めることができる。しかし、そもそもそのようなずれを認識できなかったらどうなるだろうか。話し手が使ったことばの意味することと、話し手が伝えようとしたことを同一と見なしてしまうということだ。

ことばの意味と話し手の意味が同一であるとした場合、話し手がもし言い間違いをしたらどうなるか考えてみよう。話し手が言い間違いをしたという認識すらできないことになる。今話し手が言ったことは言い間違いで、本当はこんなことを言いたかったのではないかと考えるには、文脈の理解が必要である。リアン・ホリデー・ウィリーさんが報告している5歳のときの出来事は、それを如実に表している。

「さあ、皆さん。マットを出して、お昼寝をしましょうね」という先生のせりふは今でもはっきり覚えている。私は従わなかった。そして、またしてもうちに電話がかかってきた。両親は、今度も学校〔日本の幼稚園年長の時期〕に来て先生と話をしてくれた。「リアン、お昼寝しないのはなぜ?」父と母がきく。「だって、できないから」……「どうしてお昼寝ができないの?」「マットなんてないから」「マットならちゃんとあるでしょう。ほら、ロッカーをごらんなさい」「マットなんてありません」……父も母も、簡単にはあきらめなかった。「どうしてマットがないなんて言うの?」「あれはマットじゃないもの。あれはうすべり〔毛布《ラグ》〕だもの」私は、正直に、かつ正確無比に答えた。……「娘には、うすべりを出して昼寝しなさいと言ってやってください」父はそう言うと、母といっしょに私を連れて帰った。（リアン・ホリデー・ウィリー『アスペルガー的人生』24－25頁）

ウィリーさんは、「「うすべりを出して、お昼寝をしましょうね」と言われたら、お昼寝をするか」と父親に聞かれると、「する」と答えたそうだ。つまり、先生が言う「マット」は、ロッカーの中にある毛布とは別物だと確信していたことが、お昼寝をしない理由だったのだ。先生がマットとよんでいるものは、もしかするとあの毛布のことかもしれないとは思わなかったことになる。そしてもちろん、先生はそのことには気づいていなかった。単純に反抗していると思っていたようだ。

誤解はつきもの

これまで見てきた手記は、私たちの会話がいかにことばの意味以外のもので成り立っているのかを教えてくれる。そして、私たちが普段そのことをほとんど意識せずに、会話をしていることにも気づかせてくれる。ことばの意味以外の要素で成立するコミュニケーションには、１００パーセント確実な解釈はありえない。言い方を変えると、私たちの会話のことばの解釈には、誤解を生む要因がつねにつきまとうことになる。そのことを私たちは忘れがちだ。

会話のことばを選ぶとき、話し手は相手にわかってもらいたいと思っているだろう。また、聞き手は相手の話を聞くとき、相手の意図を理解したいと思っているはずだ。しかし現実には、ことばになっていない相手の意図を正しく理解することは決して簡単なことではない。自分はわかったようなつもりになっていたけれども、もしかすると自分勝手な解釈をしていただけで、相手の意図は、本当は別のところにあったということが、少なからずあるかもしれない。しかし、相手の言ったことをわかったつもりになってしまう、あるいは相手に自分の言ったことをわかってもらえたと思ってしまう傾向が、誰にでもある。そのために、解釈がずれていてもそれに気づかないことも多いのではないだろうか。

じつは、会話のことばを聞いて、わかったつもりになってしまうのには理由がある。第五章で詳しく見ていくが、私たちは会話のことばを解釈するときに、いったん「わかった」と思ってしまうと、そこで解釈を止めてしまう傾向があるのだ。注意や情報処理労力といった認知資源をできるだけ節約しようとする生物的なしくみが働いているからだと考えられる。そのようなしくみは、恩恵も大きいが、会話における誤解の可能性は残されたままだ。

対照的に、「わかったつもり」にならず、相手の言ったことをわかろうと何度も立ち止まって考えたり、「わかってもらったつもり」にならず、ことばを念入りに選んで伝えようとしたりするのが語用障害の人たちではないかと思う。文脈の理解が苦手である一方で、ことばを非常に厳密に選択し、解釈することが得意で、私にはとても真似ができない。ことばに対するただならぬ興味やこだわりが、次のコメントにも表れている。

ことば、そして、ことばにまつわる一切のものども——これほど私の集中をとらえて離さないものはない。……私にとって、言語の面白さは、主観性よりも規則や正確さが優先されるという縛りにある。まずは単語をしかるべき順序で並べ、調子や釣り合い、つながりや語義といった要素を残らず計算に入れ、その上で初めて、書き手は単語をひねったり曲げたりして、自分の意図にぴったりの表現をさぐることができるのだから。……単語たちは私に、さまざまな楽しみを与えてくれる。……こちらがそれなりの扱いをするならば——よほどのことがないかぎり気を抜かず、ていねいに扱うならば——単語たちはまるで魔法のように感性を楽しませてくれるし、外界の理解を助けてくれる。なぜなら、一つ一つの単語には、それぞれに人格があり、陰翳があり、学ぶべき教訓があるのだから。

（リアン・ホリデー・ウィリー『アスペルガー的人生』43―44頁）

ウィリーさんに比べると、私たちは普段の会話のときに、ことばの選択や解釈にそれほど労力を使っていないかもしれない。現実的に時間がなかったり、疲れていたりといった生活上仕方のない理由もあるだろう。だが時には立ち止まり、自分の会話のやりとりについて考えることの大切さを、語用障害の人たちの手記は思い出させてくれる。そのひとつの試みとして、このあとの章では、どのようにしてコミュニケーションがうまくいったりいかなかったりするのかを考えてみたい。次の章では、この章で考えた会話のことばと文脈について、より詳しく見ていくことにする。

第四章　ことばのオモテとウラがわかるということ

伝えたいことがあるのに、それをどうことばに表してよいのかわからないことがある。ことばにしたけれどもちょっと違うなと思うこともある。ちゃんと伝えたつもりだったのに、誤解されてしまった経験もある。何も言わなかったことで、メッセージを伝えてしまうこともある。ことばというものはコミュニケーションに欠かせないものであると同時に、扱いを誤ると思いがけない結果を生むことがある代物だ。便利な道具であると同時に、トラブルの原因にもなりうる。

コミュニケーションにおいて、ことばが道具になったりトラブルの原因になったりするのはなぜだろうか。ことばを使ってコミュニケーションをするときの根本的な問題は、心とことばの関係だ。話し手が伝えたいと思っていることは心の産物である。私たちは心の中で新しいことをいくらでも考えたり感じたりすることができる。何をどのように考えるか、感じるかの可能性は無限である。一方、私たちが使える語彙は有限である。新しい語彙はそう簡単に増えたりしない。考えうることが無限にあるのに、それを伝える道具としての語彙が有限であれば、思ったことや感じたことを表すのにぴったりしたことばが見つからないというのは不思議なことではない。比喩を使って表現したり、少し長い文で説明する必要がある場合も出てくる。コミュニケーションにおいて、話し手が伝えたいことは話し手の心の中にあって、聞き手からは見えない。それを伝える道具としてことばがあるのだが、伝えたいことをすべて伝えきるほど、ことばは完璧な道具ではないというのが根本的な問題である。

必然的に話し手が伝えたいことと、使われたことばの意味との間に何らかのギャップが生じる。程度の差はあれ、このようなギャップはコミュニケーションにはつきものである。聞き手がうまくそのギャップを埋めることができればコミュニケーションは成功するが、いつもうまくいく保証はもちろんない。それに加えて、話し手自身の能力の問題もある。ことばを操るのが得意な人もいれば、そうでない人もいる。潜在的な能力はあっても、疲れていたり、注意が散漫になっていたりすると、思ったことをうまく言い表せない場合もある。

話し手の立場から見ると、コミュニケーションにおいて誤解が生じる場合には、少なくとも3つの異なった状況が関与していると考えられる。1つは、話し手自身が自分の思っていることをうまく把握できなかった場合だ。つまり、自分の心を読み誤ったときである。2つめは、話し手自身は自分の思いをきちんと把握できたものの、それを的確にことばにできなかったときだ。心とことばをうまく結びつけることができなかったということだ。最後は、話し手はきちんとことばを選んで表現したはずなのに、それがうまく相手に伝わらなかったとき。何らかの理由で、ことばの意味と伝えたかったことの間のギャップを、相手が埋められなかったことが原因だ。

一方、聞き手の立場から見ると、この最後のパターンのみが誤解の原因となる。聞き手には、話し手の心の中は見えない。だから、聞き手にとってのコミュニケーションのプロセスは、話し手が何かを伝えようとしていることが具体的に確認できたところから始まる。たとえば話し手がこちらを見てことばを発したときだ。聞き手は話し手が発したことばを手がかりに、話し手が伝えたかったことを見つけなければならないが、そのギャップをうまく埋められない場合が少なくとも2通りある。

1つは使われたことばの意味は理解したけれども、行間はうまく読めなかった、あるいは誤解してしまったという場合だ。この章では、話し手がことばを通して伝えようとした意味を、ことばにしないで伝えようとした意味、つまり行間の意味と区別しよう。そしてことばを通して伝えようとした意味を「ことばのオモテ」、ことばにしないで伝えようとした意味を「ことばのウラ」とよぶことにする。ことばのオモテは理解できたけれども、そのウラにあるメッセージを読み誤ってしまったということはよく起こる。

もう1つは、聞き手がそもそも使われたことばの意味を取り違えてしまったという場合である。話し手がことばを通して伝えようとした意味、つまりことばのオモテは1つであるとは限らないからだ。

この章では、聞き手の立場から発話解釈のメカニズムについて考えながら、ことばのオモテとウラについて考えてみたい。話し手が伝えたいと思っていることを理解するのに必要なのは推論である。いわゆる「行間を読む」こと、すなわちことばのウラを理解するのに、相手の心を読む推論能力が必要であることは、多くの読者が実感しているのではないだろうか。相手が言ったことを誤解してしまったことや、逆に自分の言ったことがうまく伝わっていなかった経験をもつ人は、とくに痛感しているだろう。しかし、じつはことばのオモテを理解するのにも、言語の意味理解だけでなく話し手の伝えようとしていたことを推測する能力が必要なのである。ことばのオモテ、すなわち話し手がことばを通して伝えようとしたことは言語そのものの意味と同じものではないからだ。この章では、ことばのウラがわかるとはどういうことかについても考えていくが、まずはことばのオモテを理解するということが、じつは決して簡単なことではないというところから話を始めようと思う。

1　ひとつではない、ことばのオモテ

文脈によって解釈が選ばれる

「見て、大きなくも」
「お正月はたこがいい」
「かみを切ってみよう」
「ふけいが見回りをしている」

これらの会話のことばの中で、ひらがなで書かれている名詞にどんな漢字を当てればよいだろうか。すぐに気づいた方も多いと思うが、それぞれ少なくとも2つの漢字があてはまる。

「見て、大きな蜘蛛・雲」
「お正月は蛸・凧がいい」
「髪・紙を切ってみよう」
「父兄・婦警が見回りをしている」

漢字で書いてあれば問題なく意味がわかるが、もし会話の中で使われたとすると、2つの漢字のうちどちらか1つをあてはめて解釈する必要がある。いったいどのようにして私たちは、普段そのような選択をしているのだろうか。

「かみを切ってみよう」を例にとって考えてみたい。このことばの前に、次のような一言があったとしよう。「もし気分が落ち込んでいて、なかなか新たな一歩を踏み出すきっかけが見つからないなら（かみを切ってみよう）」。この場合、「髪を切ってみよう」という解釈がすぐに思い浮かぶのではないだろうか。あるいは次の一言があったらどうだろう。「まず1枚を半分に折って、真ん中に折り目をつけたら開いてください。その折り目の線にそって（かみを切ってみよう）」。この場合は、「紙を切ってみよう」がまず思い浮かぶと思う。

このように、同音異義語が使われていたとしても、前に出てくる文章や会話のことばの影響で、自然に1つの意味解釈だけが思い浮かぶということが多い。そしてそのような場合、たとえば「かみを切ってみよう」ということばに複数の解釈があるということにも思い及ばないことがほとんどだろう。先行している会話のことばが手がかりとなって、複数の解釈候補の中から1つが選ばれたのだろうが、その選択はじつは本人の意識が及ばないところでなされているようだ。

この例のように、ことばの複数の解釈候補の中から、話し手が意図した意味を選択するための手がかりとなる情報を文脈とよんでいる。先行する会話は主要な文脈だが、もちろんそれだけではない。どういうことを言いそうな人かといった会話の参加者に関する背景知識や、その他の一般知識、社会規範、文化的価値観なども文脈として用いられる。

解釈に必要な文脈はたいてい話し手の側から明示されることはなく、聞き手が発話解釈の過程で自ら推論を用いて見つけ出すことが期待される。先の「かみを切ってみよう」の例の場合は、文脈を手がかりに意味をつかむことは非常に簡単だったと言えるが、いつも同じように簡単というわけではない。「あの人が言いたかったことがわからない」と感じるときや、「もっとはっきり言ってくれればよかったのに」と思うようなときには、文脈がうまく見つからなかったことが原因である可能性が高い。

り聞いたりする。

近くて遠い？

私がご近所のお母さん方や、子どものいる同僚と話していると、よくこんなことを言ったり聞いたりする。

「保育園が遠くて大変なのよ」

「うちはお姉ちゃんの学校が遠くて大変」

どちらも大変そうなのだが、どのくらい遠くて大変かを冷静に考えると次のようなことがわかる。「保育園が遠くて大変」の「遠い」は車で10分の距離だったり、ベビーカーを押して20分の距離だったりする。「学校が遠いから大変」の「遠い」は電車で1時間以上の距離だったり、車で30分以上の距離だったりする。

逆の意味の「近い」はどうだろう。今度は大学の同僚どうしの会話に出てくる発言だ。

「私の実家は空港から近いので便利よ」

「飛行機だと東京から金沢は近いね」

「あなたは家から大学まで近くていいわね」

それぞれの「近い」がどのくらいの近さを表しているかを推測してみる。「実家は空港から近い」というのは車で30分程度の距離、「東京と金沢は近い」というのは最寄空港から飛行機で40分程度の距離だろう。いずれにしても、それぞれの発話どうしを比べると、何をもって「近い」というのか、定義がよくわからなくなってくる。少なくとも、純粋に距離にもとづいてそのことばが使われているわけではないことは確かだ。

さらに、右の例で「遠い」と「近い」を比べてみると、車で10分の保育園は遠くて大変で、空港から車で30分の実家は近くて便利となってしまう。車で30分かかるお姉ちゃんの学校は遠くて大変なのに、車で30分の通勤は「近くていいわね」になったりする。どうやら「近い」のか「遠い」のかを決めるのは、移動にかかる時間だけでもなさそうだ。

じつは「近い」「遠い」に言えることは、「長い」「短い」や、「遅い」「早い」、「高い」「低い」などのことばにもあてはまる。これらのことばはここからは「近い」、ここからは「遠い」と言うべしというような、絶対値をもたない。何かの基準に照らして近かったり遠かったりと相対的に決められる特徴をもつ。そのため、会話でこれらのことばが使われると、聞き手は話し手の意図した意味を見つけるために、何の基準に照らして使っているのかを推測する必要が出てくる。

保育園が遠くて大変というお母さんは、参観日などには車では来ないようにと言われて困っていた。車で10分という距離は、そうなると遠いからだ。それに、保育園はできるだけ徒歩や自転車で通いたいというお母さんも多いことを考えると、車で10分の保育園は遠いと言えるだろう。また、歩いて20分の距離はふつう遠いと言わないだろうが、もしベビーカーを押して歩くとしたら大変だ。時間もかかるし、疲れも倍増だろう。そういう意味で保育園が遠いというのはよくわかる。

このように見てくると、「遠い」とか「近い」ということばが使われるときには、話し手の主観的な判断が基準となっている場合も少なくないということがわかる。職場である大学に私の家が近いと言っていた同僚は、通勤に2時間近くかかると言っていた。2時間に比べると、40分の通勤時間は短いというのは実感から出たことばではないだろうか。また、空港から実家まで車で30分というのは、空港が繁華街から離れたところにあり、たいていの人は自宅から1時間以上かけて空港にたどり着くことを考えると、確かに近いと感じられるだろう。これらの話し手の感じ方なども、「近い」「遠い」ということばを含めた会話の例を理解するときの文脈として重要な役割をするものである。

「近い」「遠い」ということばの一般的な意味を知らない人はいないだろう。ことばの一般的な意味を知っていることは、当然、会話の中で用いられることばの意味を理解する前提となる。しかし、話し手が意図した意味を理解するのには、それだけでは足りない。さまざまな背景知識を文脈として取り出し、そこで「近い」「遠い」といったことばの意味調整を加えるのである。このような作業を「文脈によることばの意味調整」とよぶことができる。

ことばにならないものを表現する

英語話者の客人と食事をご一緒したときのこと。私も好きな辛口のお酒を冷酒で飲んでもらったところ、大変気に入って very round と評していた。お酒をこのようなことばで表現するのを聞いたのは初めてだったが、あとで日本語だったら何と言うかと考えて「円《まろ》やか」ということばに行きついた。辛口のお酒を円やかと表現する日本人はあまりいないかもしれないが、味や香りの表現は比喩的なものであるだけに、言語を超えたところで感覚的な共通性があるのかもしれないと思わされた。

もちろん英語の round の意味は「円やか」だけではない。「丸い」「円形の」といった見た目の形状を指す意味がもっとも基本的なものではないかと思う。あとで考えてみると、客人がお酒を飲んだのはガラスでできた円形のお猪口だった。そのお猪口を持って This is very round と言ったのだから、お猪口の形について話をしていると解釈してもよさそうである。しかし、そのときはそう思わなかった。客人が This is very round と言ったのが、ちょうどお酒の味や香りについて話をしていたときで、その状況ではお酒の味や香りが円やかだと言ったと解釈するのがもっとも自然だったからだと思う。直前の会話の話題や、状況から、ことばの解釈が自然とひとつに絞られていたと言えるだろう。

一般的に、味覚の表現には比喩的なものが多い。直接的に味覚を表現することばは、「甘い」「辛い」「苦い」「渋い」「酸っぱい」などだが、数は限られている。ほかにも「こくのある」とか「まったりしている」といったことばがよく使われるが、ソムリエの田崎真也さんによれば、これらのことばは味の表現として日本人が共有できる意味をもたないので、その道のプロとしては使えないことばであるそうだ。人によって意味が変わったりずれてしまったりすることばは味を表現するうえでは使えないというのがプロの世界らしい。前に出てきた「円やかな味」という表現も、話し手によって意味が変わることばのひとつだろう。しかし巷《ちまた》にはその種の表現があふれている。それは何かを味わったときの感覚が、単純に「甘い」「苦い」などといったことばで表現できるものではないと思うことが多いからではないだろうか。グルメ・レポーターなどは、気の利いた一言を言わなければならないというプレッシャーがあるからかもしれないが。

「深い味」「なめらかな味」「やわらかな味」「とがった味」「ぼんやりした味」「重厚な味」「透明な味」「静かな味」などといった表現はよく耳にするのではないだろうか。これらの表現は、もともとは五感のうち味覚以外の感覚を伝える表現で、一種の比喩と考えてよいだろう。「共感覚比喩」とよばれることもある。たとえば「深い」「ぼんやりした」「重厚な」「透明な」などといったことばは、もともと視覚的な情報を伝える表現である。それらのことばが味覚の印象を伝えるために転用されると、当然ことばの意味も変わる。味覚のことばがそれ以外の意味に使われるときも同様である。「苦い経験」「辛い評価」「甘い判断」「渋い声」などという表現で話し手が何かを伝えようとするとき、その「苦さ」や「甘さ」には、味覚の場合とは違って、個人差が出てくる。そして話し手の意図した意味を見つけるためには文脈が必要となる。その文脈について、次により詳しく見てみよう。

2　文脈は与えられるものとは限らない

話し手が意図した文脈と意図した解釈

まずは次の文章を読んでみてほしい。

手順はじつは非常に簡単だ。まず、いくつかに分ける。もちろん量によっては、ひとつにまとめてしまってもよい。設備がなくて別の場所へ移動する必要があればそうするが、それ以外はこれで準備完了である。いっぺんにやり過ぎないことが大切だ。多すぎるより、少なすぎるくらいのほうがよい。すぐにどうこうということはないが、いずれやっかいなことになるかもしれないからだ。間違うと、高くつくこともある。はじめは手順が複雑に思えるかもしれない。だが、すぐに生活の一部としてなじむだろう。

じつはこれは認知科学ではよく知られている実験で使われた文章の一部である。この文章をタイトルなしに読むと何が書いてあるのかほとんど理解できない。しかしこの文章のタイトルは「洗濯」だと言われると、同じ文章が俄然わかりやすくなるのではないだろうか。このように、タイトルも文脈として一役買っているのである。

これまで会話のことばの解釈には文脈が必要で、しかもそれぞれに特定の文脈が不可欠であるという話をしてきた。ところで、ある文脈が会話のことばの解釈に必要か必要でないかは誰が決めるのだろうか？　聞き手だろうか、話し手だろうか。聞き手の目的が、話し手の意図した解釈を見いだすことであるとすると、それに必要な文脈を決めるのもやはり話し手だと言える。そこで、ここでは話し手が意図した発話解釈を見つけるために不可欠な文脈を、「話し手が意図した文脈」とよぶことにする。

次の例では、文脈の選び方によって解釈がまったく変わってしまう。金曜日にお昼を一緒にしようとするAさんとBさんの会話である。

Aさん「お昼はあなたの好きなパスタにする？」

Bさん「今週は月曜日と水曜日がパスタランチだったの」

AさんはBさんのことばをどのように解釈するだろうか。ひとつの可能性として次のような解釈がAさんの心に浮かぶかもしれない。

（解釈1）Bさんはパスタが好きだけど、もう今週は2回もパスタランチをしたのだから、今日はパスタでないほうがいいと言っているに違いない。

次のような解釈ももちろん可能だ。

（解釈2）Bさんはパスタが好きで、毎日パスタランチでもいいと思っているくらいだが、今週は残念ながらまだ2回しかパスタを食べてないので、今日はぜひパスタにしたいと言っているのだろう。

この2つの解釈は、Bさんはパスタが好きだという背景知識を文脈として用いているところまでは同じだ。ただどのくらい好きなのかが異なっている。大事なことは、どちらの文脈を選ぶかによって最終的な解釈が違ってくるということだ。そして解釈の違いは、Aさんの次の行動に影響する。解釈1を選んだ場合は、ランチはパスタ以外のものにしようと提案するだろうし、解釈2を選べば、ランチは当然パスタという選択になるだろう。どちらとも決めかねて「じゃ、今日は何が食べたい？」と尋ねるというオプションもあるにはあるが。

Aさんが Bさんのことばをどのように解釈するかとは別に、当然BさんがAさんに伝えたかったこと、すなわち話し手Bさんが意図した解釈というものは確実にあったはずだ。そしてその解釈に必要な文脈、すなわち話し手Bさんが意図した文脈というものもあったことになる。たとえばBさんは解釈2のほうを意図していたのに、Aさんが解釈1を選んで「それじゃ今日は和定食にしようか？」と言ったとしたら、BさんはAさんがまだ自分のことをわかっていないなと思うだろう。AさんはBさんが意図した文脈「Bさんは毎日でもパスタランチが食べたい」を知らなかった、あるいは思い出せなかったために、Bさんが意図した解釈とは異なる解釈をしてしまったということになる。

冗談

文脈は必要なときになければ困るが、十分にあるときにはその存在に気づかないもののようだ。ことばの解釈に必要な文脈がそろっていれば、聞き手は話し手が意図した解釈のみを自動的に(無意識に)選択するからだ。意識的に選択するときには、選択肢を比べてみたり、迷ったりということが起こるが、コミュニケーションがうまくいっているときにはそのようなことはあまり起こらない。

しかし、例外はある。わざとすべての文脈を先に与えず、解釈するには「何かが足りない」「何かがおかしい」と聞き手に感じさせ、隠された文脈を見つけてもらうことを目的とするコミュニケーションがある。冗談がその典型的な例だ。

日本には「○○とかけて、△△と解く、その心は?」という形式の「なぞかけ」ともよばれる冗談がある。○○と△△の関係がすぐに思いつかないところが重要なポイントである。どのように○○と△△がつながるのかな、と期待が高まったところで「その心は?」に対する答えが出されるという形式だ。

決してうまくはないが、次の例を見ていただきたい。ここまで読んでくださった方には、それぞれのなぞかけの意図がわかっていただけるのではないかと思う。

「文脈とかけて、老眼鏡と解く。その心は?」「読み解くのに必要」

「文脈とかけて、夫のほめことばと解く。その心は?」「与えられるとは限らない」

なぞかけには同音異義語や多義語(1つのことばで複数の意味をもつもの)がよく使われる。たとえば次のようなものもそれに入るかもしれない。

「傷んだ髪とかけて、パソコンの電源と解く。その心は?」「定期的に切ったほうがよい」

「口下手な夫とかけて、カラオケのマイクと解く。その心は?」「はなすのは難しい」

冗談では最後にオチが出されるので、聞き手によってはそこで初めて必要な文脈が見えてくるということがよくある。なぞかけの場合、「その心は?」という問いのあとに答えが与えられるが、その答えがオチになっていて、それを聞いて「○○とかけて、△△と解く」というところに出てきたふたつのことばの関係がわかることも多い。たとえば最初の例の場合、「文脈は(行間を)読み解くのに必要」「老眼鏡は(書かれた文章)を読み解くのに必要」というような背景知識に思いいたれば、最後のオチは無理なく理解できる。ふたつめの例の場合は、「文脈は発話解釈で必ずしも与えられるものとは限らない(自分で見つけて解釈するしかない)」「妻が夫に尽くしても、ほめことばがもらえることはあまりない」という背景知識が見つかれば理解できるだろう。

このように、なぞかけの時点ではすぐには思いつかなかった文脈が、答えを聞くことによって遡ってわかるというプロセスがおもしろさにつながっていると考えられる。逆に言うと、先に必要な背景知識、つまり文脈が与えられてしまうと、おもしろさは失われる。もちろん、「その心は?」を聞いたときにすでにオチがわかるという場合もある。そういうときは、聞き手の反応が鋭い場合もあるだろうし、なぞかけがもともと非常にわかりやすく作られているという場合もあるだろう。

婉曲な言い方

うまい冗談の場合は意図的に解釈に必要な文脈がすぐにはわからないようにするので、オチがすぐにわからなくても聞き手が責められることはないだろう。しかし、日常的な会話の中には、解釈に不可欠な情報を聞き手が見つけられず、その結果、話し手の意図した解釈にたどり着けないということが起きる。

たとえば婉曲な表現なども、意図された文脈がうまく見つけられない場合、意図された解釈ではなく、婉曲な言い方をそのままの意味で受け取るということが起きる。前の章で見たように、語用障害があると、婉曲な表現は苦手である。

京都では、訪問先で「お茶漬け（ぶぶ漬け）でも召し上がっていってください」と勧められたら、「お帰りください」を婉曲に言ったと理解しなくてはならないという逸話は広く知られている。落語の話であって、実際にあったことではないとも言われているが、広く知られるようになったのは、おそらく多くの人にとって、ことばの意味と期待される解釈があまりにかけ離れていて、驚きとともに話題に上ることが多かったからではないかと想像している。このことばの解釈が難しいのは、「お茶漬けでも召し上がっていってください」と言われるタイミングが、そろそろ夕食の時間かなというころだという点である。おなかもすいてきたし、そう言われると大変ありがたい提案だと思ってしまっても不思議ではない。むしろ、そう受け取るのが普通だと思う人は多いだろう。つまり、この一言は、常識からすると、文字どおりの解釈をするのが当然と考えられるために、非常に難解なのである。

同様の理由で、間接的な依頼も通じにくいことがある。マンションの上の階で夜間に響くピアノの音に困っていた友人が、迷惑していることに気づいてもらおうと、まずは気をつかって「お子さんピアノが上手になったわね、いつも遅くまで練習しているものね」と伝えてみたものの、一回では真意は通じなかったそうである。最終的に円満解決にいたるまでには、その後何回か「いつも本当に遅くまで練習していて大変ね」を言い続けたらしい。何度も同じことを言われ続けると、その不自然さが別の解釈を考えるきっかけになったのだろう。

皮肉と揶揄

なぜ人は皮肉を言うのだろうか。いくつかの説明が可能だが、多くの皮肉研究者が提案しているのは次のようなことである。

実際に起こったことと、期待していたこととの間にずれが生じ、話し手は聞き手に対してそのずれに対しての認識をうながすと同時に、そのずれに対する話し手自身の態度を伝えたいと思うから、皮肉を言うのだと。

一方、皮肉の理解に関する研究によると、聞き手は言われたことと実際に起こったこととのずれを認識すると、そのずれに何らかの形で意味づけしたり、説明したりしようとすることがわかっている。言い換えれば、聞き手はそのようなずれは話し手が意図したものと理解し、そのウラに何らかの意図が隠されていると推測してそれを探そうとするらしい。その結果、話し手が期待外れだったことへの批判、非難、失望といった態度や感情を伝えようとしていることがわかるということだ。

具体的に考えてみよう。たとえばいつも遅刻してくる友人が前の晩に「明日は絶対みんなより早く着くからね」と私に電話で言っていたとしよう。しかし翌日待ち合わせをしてみると、案の定その友人は予定の時間より20分遅れて到着した。私は友人に「早かったわね」と笑顔で言うかもしれない。これは皮肉である。

この場合、友人と私の間では、前の晩の電話での会話が文脈となる。ふたりとも、今まさに友人が20分遅れて来たことを双方が知っていることはわかっている。そこで私が「遅かったわね」と言わずに「早かったわね」と逆のことを言うのはなぜか。その明らかなギャップの理由を友人は見つけようとする。そしてなぜだろうと考えるうちに、友人は前の晩に電話で自分がみんなより早く着くと高らかに宣言したことを思い出すかもしれない。あるいは私が今回は友人が早く来ることをとくに強く信じていたのかもしれないと思うかもしれない。そうして友人が私の失望、批判的な態度などに思いいたれば、私の意図は通じたことになる。

次のシナリオはどうだろう。友人がいつも遅刻してくることは周知の事実だったので、私は前の晩、待ち合わせ場所や時間の確認を電話でした。でも先のシナリオとは異なり、友人は「明日は絶対みんなより早く着くからね」とは言わなかった。翌日、案の定、友人は待ち合わせ時間より20分遅れて到着した。息せき切ってたどり着いた友人に私は「早かったわね」と笑顔で言ったとしよう。この場合、文脈となるのは何か。

前の晩に「明日は絶対みんなより早く着くからね」と友人は言わなかったので、それを文脈とすることはできない。それでは何か。この場合、文脈となるのは「待ち合わせの時間には間に合うようにするべきだ」という一般常識や規範のようなものだと考えられる。話し手と聞き手が共有する一般常識や社会規範、文化的な価値観やモラルなども立派な文脈になりうるのだ。

もちろん、話し手と聞き手が常識や社会規範を共有していない場合、このような皮肉は通じない。皮肉のターゲットとなる人にはなかなか皮肉が通じないという話もよく聞く。これは、解釈に必要な文脈となる常識や価値観が共有されていないからだと説明できるのではないだろうか。

ここで、皮肉とそれによく似た揶揄《やゆ》の違いにふれておこう。先ほどの「お茶漬けでも召し上がっていってください」という一言は、婉曲な表現であるが、揶揄として理解することもできる。夕食の時間が近づいて、それ以上長居すると訪問宅の迷惑になるというのはいわば常識である。その常識をもたない人には、このことばの意図はとうていわからない。それでもわからない人にはわからなくてよい、というのが揶揄を言う人のスタンスである。

入江敦彦さんは『イケズの構造』という著書の中で、京都人は「イケズ」とよばれる、滑稽な人やものを揶揄する態度をもっていると言っている。そして入江さんも、揶揄は皮肉とは違うと言っている。相手に話し手の批判的な態度や失望感が伝わることを意図して言うのが皮肉であるのに対して、揶揄には相手に気づかせようという意図はまったくない。言い方を変えれば、皮肉を言う話し手は、解釈に必要な文脈を聞き手に見つけてほしいと思っているのに対して、揶揄を言う話し手は、聞き手が必要な文脈を見つけることができなくてもかまわない(つまりわからなくてよい)と思っているということになる。

揶揄されて気づかないのは皮肉を言われるよりも恐ろしいという感じがするが、入江さんによれば、「よそさんが恐れるようなイケズは、本人が気づかないよう細心の注意を払って実行されるので〝なかったこと〟と同じ」だそうである。文脈の必要性すら見えてこなければ、確かに解釈は不可能だろう。

3　2種類のウラのメッセージ

これまで文脈について書いてきたことをもとに、ここからはことばのウラについて考えてみたい。ことばのウラというとき、厳密にひとつひとつの語彙のウラの意味、ということではなく、ここでは会話における発話全体のウラのメッセージという意味で使っていく。ことばのウラについてまず重要なことは、ウラといっても1つではなく、少なくとも2種類のウラがあるということである。これから順に説明していきたい。

意図された文脈

1つめのことばのウラは、意図された文脈――背景知識――を指す。次の例を見てほしい。

Cさん「新しいレストラン、どうだった?」
Dさん「ワインリストがなかったよ」

Cさんの発話の中に「ワインリスト」への言及はないが、このワインリストはCさんの発話の中に出てくる「新しいレストラン」のワインリストであることはすぐに理解できる。当たり前のことではあるが、それはなぜか考えてみたい。ひとつの理由としては、Dさんの発話はCさんの質問への答えとして解釈するのがもっとも自然であるということが考えられる。そのため、Cさんの発話と関係のある内容だという推測ができるというわけだ。さらには、「レストランにはワインリストがある」という一般知識があれば、Dさんの発話は「Cさんが話題にしている新しいレストランにはワインリストがなかった」という解釈が可能になる。

このような場合、「レストランにはワインリストがある」という一般知識は、CさんがDさんのことばを解釈するときの前提として使われる。言い換えれば、この前提が見つけられないと、CさんはDさんのことばを理解することができないことになる。解釈に必要な文脈には、このように解釈に不可欠な前提となる情報が含まれる。

次の例についても同様のことが言える。

Eさん「土曜日にうちの家族と一緒にピクニックに行かない？」

Fさん「その日は入学式なの」

家族ぐるみのピクニックに誘っているEさんと誘われているFさんとの会話としよう。ここで「入学式」ということばがどのように解釈できるかを考えてみたい。入学式は、小学校から大学、専門学校など、全国のあらゆる学校でおこなわれる行事である。出席者は学校関係者と入学する子どもと保護者である。一般的には入学式に関係する人や場所はたくさんあるが、この会話でFさんは特定の入学式を意味していたはずだ。Eさんと家族どうしで付き合っているFさんの会話となれば、ここで入学式と言えばFさんの子どもが行くことになっている学校の入学式であると解釈することが可能である。そして入学式には子どもと保護者が出席するという文脈が前提となって、土曜日にFさんと子どもは入学式に出席することになっているという解釈が成り立つことになる。

右のふたつの会話の例では、背景知識として必要とされた文脈がいくつかあった。これらはことばのウラを読むために必要な推論のうち、前提となるものと考えることができる。ここでは、これらをことばの「ウラ前提」とよんでおこう。一般的に、前提は結論を導き出すために必要なものである。ことばのウラにも結論と言うべきものがある。それが次に説明する2つめのウラである。

暗に伝えたかったこと

先に見たCさんとDさんの会話を思い出してほしい。

Cさん「新しいレストラン、どうだった？」

Dさん「ワインリストがなかったよ」

「ワインリスト」ということばを新しいレストランのワインリストであると理解するプロセスについてはすでに説明した。次に考えたいのは、Dさんが何を言いたかったのか、という点である。「ワインリストがなかった」という事実だけを伝えようとしているのではないという前提ではあるが。

Cさんが Dさんのことばを理解するときに手がかりとなるのは、まずDさんの一言が、Cさんが尋ねた新しいレストランの印象についての答えであるということだろう。Cさんは、Dさんが新しいレストランについてどう思ったかを答えると期待しているということだ。その期待の中で「ワインリストがなかったよ」という返答がくれば、レストランにワインリストがない場合に普通どのように感じるかを推測する必要が出てくる。

一般的にはフランス料理やイタリア料理などを出すレストランではワインリストがあるのが当たり前だろう。そしてそれらのレストランに好んで出かける人は、たいていワイン好きである。Cさんは Dさん個人に関する情報をもっていて、Dさんがワイン好きであることを知っているかもしれない。そうであれば、ワインリストがないレストランに対して、Dさんが良い評価をするとは考えにくい。そしてDさんが暗に言いたかったことは、「新しいレストランは期待外れだった」ということであると推測することができる。

ふたつめに見た次の例も、Fさんの一言が質問に対する答えであることは解釈の手がかりとなる。

Ｅさん「土曜日にうちの家族と一緒にピクニックに行かない？」
Ｆさん「その日は入学式なの」

Ｆさんが「土曜日は子どもの入学式に出席することになっている」と言っていると文脈から解釈できることについては前に書いた。ここではさらに、そのこととピクニックに誘われたこととの関係について考えてみたい。入学式はほとんどの家庭で重要なイベントとして認識されていると言えるだろう。また、学校のイベントは日程が決まっており、個人の都合で変更することはできない。その点は個人が企画するピクニックとは対照的である。いつ何をするかの計画の優先度から見ると、当然、入学式のほうがピクニックよりも優先度が高いと考えられる。以上のような背景知識があれば、Ｆさんのことばは、Ｅさんの誘いに対してのやんわりとした断りであると理解することができるだろう。たんに「土曜日は都合が悪いわ」というよりも、「入学式があるから」というピクニックに一緒に行けない理由を伝えることにより、相手にとって断られても仕方がないと思ってもらえる可能性が高まることもポイントだ。

初めの会話例で、Ｄさんの「ワインリストがなかったよ」ということばのウラ結論は「新しいレストランは期待外れだった」という意見である。その前提となるのが先に見た「レストランにはワインリストがある」とか「Ｄさんはワイン好きだ」などといった背景知識である。ふたつめの会話例では、Fさんが「その日は入学式なの」ということばで伝えようとした「ピクニックには一緒に行けない」というやんわりとした断りがウラ結論となる。そしてその前提となるのは「Fさんの子どもとFさんは入学式に出る」「入学式は外せない重要なイベントである」などといった背景知識である。一般的にはこのウラ結論のほうを指して、「ことばのウラ」と言うことが多い。

このように考えてくると、ことばのウラが読めなかったと言っても、その理由が少なくとも2つあることに気づかされる。通常「あの人が言いたかったことがわからない」という場合、感じていることはおそらくことばのウラ結論がわからないということのほうではないだろうか。しかし、じつはことばのウラ前提となる背景知識が見つからず、その結果、ウラ結論が導き出せなかった可能性が高い。

そう考えると、コミュニケーションでしばしば起こる誤解が、比較的単純な方法で説明できるように思われる。相手に誤解されていることに気づいたら、ウラ前提が見つからない可能性が高いのだから、ウラをオモテにすればよい。つまり、ウラ結論を導き出す前提となる背景知識を相手に伝えればよいことになる。

あるいは、ウラ前提を用いて推論的にウラ結論を導き出すことができなくても、ウラ結論だけを導き出せるようにすればよい。次にその方法について考えてみたい。

ウラ結論を見つけやすくする手がかり

次は焼肉好きのふたりの会話である。

Gさん「今晩、いつもの焼肉食べに行こうよ」
Hさん「来週、人間ドックなの」
Gさん「そうか」

Hさんの一言はどのように解釈されるだろうか。ひとつの可能性は、「1週間後に人間ドックが予定されているから、今のうちに好きな焼肉を食べておこう」という解釈だ。検査の前日には食事の時間も制限されているし、お酒も飲まないようにと言われるので、その前に好きなものを食べたり飲んだりしたいということがウラ前提だ。この場合のウラ結論は「今晩は焼肉を食べに行く」ということになる。

もうひとつの可能性は、「1週間後に人間ドックが予定されているから、もう焼肉は食べない」という解釈である。前日だけでなく、1週間前から食事を制限しようとする人は多くないかもしれないが、たとえばコレステロールは1週間前くらいまでに暴飲暴食をすると検査のときに高くなると言われたら、そのころから意識的に食生活を変える人もいるかもしれない。そのようなことがウラ前提となる。ウラ結論は「今晩は焼肉を食べに行かない」である。

仮にHさんがGさんに伝えたかったことが、「今晩は焼肉を食べに行かない」ということだったとしよう。その場合、もうひとつの「今晩は焼肉を食べに行く」というウラ結論をGさんが導き出してしまうと困ったことになる。Gさんがそのような解釈をしないようにする方法はないのだろうか。

じつは、話し手が意図したウラ結論を聞き手に導き出してもらう手助けをすることばがある。先のGさんとHさんの会話の中で、Hさんの返事を一部変えてみよう。

Gさん「今晩、いつもの焼肉食べに行こうよ」
Hさん「でも／だけど、来週人間ドックなの」
Gさん「そうか」

Hさんが「でも」や「だけど」ということばを最初に言うことによって、「来週人間ドックなの」という説明が、焼肉を食べに行くこととは相いれないものであるという解釈がしやすくなるのではないだろうか。これは、「でも」や「だけど」などという接続詞は、その後に続く内容が、聞き手が考えていることや期待していることと矛盾する、相いれないということを伝える機能をもつと考えられるからだ。

それ以外にも、Hさんが使えそうなことばに次のようなものがある。

Gさん「今晩、いつもの焼肉食べに行こうよ」
Hさん「あいにく／残念ながら、来週人間ドックなの」
Gさん「そうか」

「あいにく」とか「残念ながら」といったことばも、「でも」や「だけど」と同じように、その後に続くことばの解釈の方向性を決める役割をもっている。聞き手の期待とは相いれない内容として解釈するようにという指示を与えるのだ。ウラ結論のように、意図的に伝えたいことを暗に示す場合はとくに、解釈の方向性を示唆することばが効果をもつのである。

4　ことばのオモテとウラを理解するために必要な能力

会話で相手が伝えたいことを理解するということは、もう少し細かく見ると、ことばのオモテとウラが何であるかを探ることであるということをこの章では見てきた。しかし、ことばのオモテとウラは、いくつもの候補の中からひとつに絞るという過程を経てようやく見つけることができるものだ。ここではことばのオモテとウラが、話し手の意図を推測する中で候補が絞られていくことを簡単に確認しておこう。より詳細な説明は、次の章に出てくるので、その入り口のところだけになるが。

「何かを伝えようとしている」ことに気づく

聞き手にとってもっとも重要なことは、話し手が「何かを伝えようとしている」ということを認識することだ。話し手が何かを自分に伝えようとしているという事実が確認できて初めて、聞き手は話し手が伝えようとした事実、思考、態度や感情について推測を始めると考えられるからだ。

だから、コミュニケーションをしているとき、聞き手はことばの意味にももちろん注意を向けるのだが、それ以上に「なぜ相手は、今自分に何かを伝えようとしているのか」という点にもっとも関心を向けて解釈をしていると考えられる。相手が何かを伝えようとしているという行為に、解釈を見つけることによって「意味づけ」をしているととらえてもよいだろう。そしてこのような意味づけは、最終的に話し手が伝えたかったことを見つけるために不可欠なものである。

話し手が聞き手に何かを伝えようとしていることは、どのようにして確認できるだろうか。たとえば「何か言いたげにこちらを見ているな」と相手の視線によって気づくこともあるだろう。「ねえねえ」とよびかけてきたり、肩をたたかれたりして気がつくこともある。電話やメールであれば、間違いでないかぎり、相手のコミュニケーションが自分に向けられていることはわかりやすいと言える。「話し手が自分に何かを伝えようとしている」ことを聞き手が認識できるとき、聞き手は話し手の「伝達意図」を確認したとよぶことにしよう。

「なぜ何かを伝えようとしているか」を推測する

何らかの方法で話し手の伝達意図を察知できると、聞き手は話し手が伝えようとしていることについて仮説を立て始める。伝達行為への意味づけが始まるわけである。そのときに大切なのが「なぜ相手は今自分に何かを伝えようとしているのか」という問いであり、その答えを見いだすべく、仮説が立てられるのだ。このとき、第二章で紹介した心の理論（相手の意図や思考、感情や態度を推論する能力）が使われる。

そしてこの「なぜ」に答えを出す過程で、これまで見てきたように、会話で使われたことばのオモテとウラが決まり、解釈が成立するのである。聞き手はその解釈を見いだす材料として、複数の手がかりを用いる。ひとつは話し手が使ったことばである。もうひとつは、文脈である。会話の状況や、話し手とのこれまでの関係、話し手と共有している一般知識、個人的知識、文化規範などからなる「文脈」が、話し手の意図を推測するために不可欠である。

ひとつ簡単な例でそのプロセスを考えてみよう。

Ｉさん「そろそろ子どもたちのお弁当作ろうか」

Ｊさん「のりがないの」

IさんとJさんは、保育園のママ友で、子どもたちと一緒にピクニックに行く弁当を作ろうとしているところだとしよう。IさんはJさんの言ったことをどのように解釈するだろうか。自分が子どもたちのお弁当を作ろうと提案したところ、Jさんの返答があったわけだから、Jさんが伝えようとしていたことはお弁当作りに関係があることだと考えるのが自然だろう。この段階で、解釈の可能性はだいぶ狭まる。

次は、「のりがない」とお弁当作りのつながりを考えなければならない。Iさんの頭の中に「子どものお弁当と言えば、おにぎり」「おにぎりを作るには、海苔があったほうがよい」などといった情報があれば、「おにぎり」を介して、お弁当と海苔が結びつくはずだ。この時点で、「のり」のことばのオモテは「海苔」であって、「糊」ではないことがほぼ確定する。

Iさんの「なぜJさんは自分にそれを伝えたかったのか」の問いはさらに続く。そして、Jさんが言いたかったのは、「海苔がないから、おにぎりは作れない」「おにぎりが作れないなら、別のものを作ったほうがよい」というようなことを、ことばのウラ結論として伝えたかったのではないかと思いいたる。先にIさんの頭の中に浮かんだ「子どものお弁当と言えば、おにぎり」や「おにぎりを作るには、海苔があったほうがよい」という情報は、ウラ前提であったことになる。

皮肉を解釈するプロセス

ＩさんとJさんと子どもたちが、サンドイッチを持っていよいよピクニックに行ったとしよう。お弁当を広げて食べ始めるまでは良い天気だったのが一転、黒雲が出てきて雨が降り出した。みんなであわててお弁当を片づけて車で雨宿りしているときに、予想外の展開にＩさんがＪさんにこう言ったとしよう。

Ｉさん「天気予報はよく当たるわね」

実際のところは、天気予報でその日は一日よく晴れると言われていたので、ピクニックを決行したのだった。つまり、Ｉさんの言っていることは実際とは合致しないということになる。そのことは、ピクニックの打ち合わせをしていたＪさんにもよくわかっていた。前日の会話では「明日はよく晴れるって天気予報で言っていたから、ピクニックできるわね」と話していたからだ。それなのに午後雨が降ってピクニックはぶち壊しになってしまったのだから、天気予報は外れたのである。

しかしＩさんは、Ｊさんに向かって「天気予報はよく当たる」と言った。聞き手であるＪさんは、Ｉさんの伝達意図を確認し、Ｉさんが伝えたかったことは何かを推測するために、その伝達行為に意味づけを始めるだろう。すると、天気予報が外れたこと、そのためピクニックが台無しになってしまったことなどが文脈としてＪさんの頭の中に浮かぶだろう。ピクニックが台無しになってしまったのだから、ＩさんもＪさんもがっかりしているし、天気予報をうらめしく思っていることも当然考えるだろう。また、今となっては天気予報が当てにならないとIさんもJさんも思うけれど、前日にはふたりとも、たいていの人がそうするように、すっかり天気予報を信じていたことにも思い当たるかもしれない。

まとめてみると、次のようなことばのウラ前提がJさんの頭の中に浮かんだとしよう。

- IさんもJさんも天気予報を信じてピクニックを計画、実行した。
- 一般的に、天気予報を信じて予定を立てることは多い。
- 天気予報が当たれば、ピクニックはうまくいくはずだった。
- 実際には天気予報が外れて、ピクニックはうまくいかなかった。
- Iさんは今「天気予報がよく当たる」とは思っていない。

Jさんはこれらのウラ前提をもとに、なぜIさんがこの状況で「天気予報はよく当たるわね」と言ったのかについて仮説を立てることになる。これらのウラ前提が見つかると、自分が思ってもいないことをIさんが言ったのは、外れた天気予報へのうらめしさと、自分たちを含めて、一般的に天気予報が当たると信じている人たちの愚かさ、やるせなさを皮肉として伝えようとしたからだろうという仮説が成り立つのではないか。こうして、次のようなウラ結論が導き出されると考えられる。

「天気予報がよく当たると信じるのは愚かなことである」

聞き手に必要な3つの仮説

このように考えると、話し手が伝えたかったこと（話し手の意図）を聞き手が理解するには、次のような3つの仮説が必要だということになる。

①　ことばのオモテが何であるか
②　ことばのウラ前提が何であるか
③　ことばのウラ結論が何であるか

これらすべての仮説を立てるために、文脈が不可欠となることをこの章で見てきた。じつは、このような解釈の仮説を立てるとき、私たちの頭の中では次のような指令が出ていると考えられている。

①　解釈の仮説を立てる際、認知的な労力がかからないものから順に試すようにせよ。
②　期待した価値のある解釈が得られたら、そこで解釈を終えるようにせよ。

この中で、②のほうはわかりやすいかもしれない。話し手が伝えたかったことは、自分にとって何らかの意味のある情報であるという期待を聞き手がもっているということは直観的に理解できるのではないか。伝達行為の意味づけを私たちがしようとするのは、そのような期待にもとづいているからだ。

しかし、その意味づけをする、つまり解釈の仮説を立てるときに、認知的な労力がかからないものから試すという①のほうはちょっとわかりにくい。聞き手が解釈をする際、認知労力をできるだけ使わないようにすることなどできるのだろうか。なんだか、聞き手は怠け者になれと言われているようにも聞こえる。このことも含めて、次章では、伝達行為の意味づけについて、さらに詳しく見ていくことにする。

第五章　意図が伝わるしくみ

1　相手の言いたいことはわかるもの——認知効果の期待

想定内？　想定外？

夫「別れたいんだ」
妻「どんな人なの？」

リビングルームで夫と妻が向かい合っている重苦しい空気が想像できそうな会話だ。じつはこの会話例は、もともと英語で書かれたスティーブン・ピンカーの『言語を生みだす本能』に出てきた例を男女逆にしたものなので、文化や言語を問わず、世界中でこの手の会話が毎日のように起こっているのかもしれない。

ここでは、妻の「どんな人なの？」という質問を夫がどのように解釈するかということを少し考えてみたい。一般的に、誰かが「どんな人なの？」と質問するときには、「営業担当の人が変わるみたいよ」とか「お隣に新しい人が越してきたの」など、先行する会話で特定の人物の存在が示され、その人がどんな人かを尋ねるというのが普通である。しかし右の例では、夫の発話にはどんな人物かを問われるべき人の存在はまったく示されていない。妻の「どんな人なの？」という発話は、表面的に見ると、誰について聞いているのかわからないおかしな質問ということになる。しかし、部外者である読み手の私たちにも、この会話からふたりのおかれた状況がすぐに理解できるということは、この妻の質問が的外れではなかったということになる。なぜだろうか。それは、妻が「どんな人なの？」と尋ねた人の存在について、私たちにもだいたい想像がつくからである。

夫に「別れたいんだ」と言われたとき、妻はまず何を思うだろう。結婚までしたふたりの関係や、それにもとづいた過去や未来を思い、「なぜなの？」という気持ちになるに違いない。夫が別れたいという理由こそが妻にとって何よりも知りたい情報で、それを知って反論なり文句なりを言いたいところだろう。しかし妻の口から出たことばは「なぜなの？」ではなく、「どんな人なの？」だった。そこで、おそらく次のような推測が瞬時に妻の頭を駆け巡ったと考えられる。

① 夫は妻の私と別れたいと言っている。
② 一般的に、夫が妻と別れたいのには理由がある。
③ 一般的に、夫が妻と別れる典型的な理由のひとつは他に好きな女性ができたことである。
④ 夫が私と別れたい理由は他に好きな女性ができたことである。

つまり、妻は「なぜなの？」の質問には自ら④のような答えを出したうえで、さらに自分の想定が正しければ存在するであろう別の女性について「どんな人なの？」と尋ねたということになる。

夫のほうも、このような一連の推論を理解して妻の問いに答えなくてはならないわけだが、おそらくこちらも瞬時に理解するだろう。①から④までの推論は、すべてことばには表されていない心的な産物である。妻が心の中で考えていたことを夫がすべて理解するという保証は何もない。それでも夫が妻の問いの意図を理解できるのはなぜだろうか。ひとつの可能性として、「別れたいんだ」と言えば、「なぜなの？」という問いが必ず妻から返ってくることを予測していたからだと考えられる。その予測があれば、妻の頭をめぐった推測も夫にとっては十分想定内だったろう。

もちろんこのことは、夫には他に好きな女性などおらず、妻と別れる理由は他にあるという場合にも成り立つ。右の①から④までの妻の推測のうち、②と③は一般常識だからだ。もしかしたら、自分の告白に妻がどのような反応を示すかについて、夫は②に関しては予測していたかもしれないが、③に関してはまったく想定していなかったかもしれない。しかしそれでも、妻の問いを聞いてその意図を理解しようとする過程で、③に思い当たる可能性は高い。解釈に必要な文脈は、予測できる場合もあるが、できない場合でも解釈過程で補うことができるのである。②や③の一般常識を夫も妻ももっていたとしたら、①から④までの妻の推測を理解することは容易であろう。

この例のように、いくつもの推論をはさんで会話がなされる場合でも、私たちは相手の考えていることが推測できれば相手の言いたいことがわかる。相手の気持ちやおかれた状況、共有している背景知識や社会的規範といったものを総合して文脈とよんでいるが、聞き手が話し手の意図した文脈を見つけることができれば、言語情報は最小限でも言いたいことがわかるのである。私たちが相手の意図した文脈だけを選択的に使うことができるとき、意図した解釈が導き出され、コミュニケーションが成功するのである。このような能力は、動物の中で人間にしかない能力だと考えられている。

第四章では、会話のことばを理解するのに文脈が不可欠であることについて見てきたが、本章では聞き手がどのようにして意図された文脈だけを選択的に使って会話のことばを解釈できるのかについて掘り下げて考えてみたい。会話のことばは、より専門的な用語で「発話」とよばれている。これまで使うことの少なかったこの「発話」という用語、ここからは使いながら話を進めることにしたい。

「春には必ず芽が出る」

今となっては古典というべきかもしれないが、「チャンス」（原題は *Being There*）という映画がある。俳優ピーター・セラーズが演じる主人公チャンスは知的障害のある庭師。映画には彼が遭遇するいろいろなハプニングが描かれているのだが、ストーリーを作っているのはじつは勘違いの連鎖である。とくに、チャンスと彼を取り巻く人々の会話の場面で、本人の意図した解釈とはまったく違うレベルで聞き手による解釈がなされ、その結果ストーリーは思いがけない展開を見せる。

たとえば、こんな勘違いが起こる。偶然が重なり、チャンスは経済界の大物ベンの家で暮らすようになる。チャンスは知的障害があるため普段から口数は少なかったが、庭師の仕事をしていたので庭の植物の話をすることがあった。そのうちベンの友人である大統領とも個人的に話をする機会を得る。大統領は経済成長に関するスピーチを翌日することになっていて、チャンスもスピーチの内容に関する意見を求められた。大統領の問いの意味がわからないチャンスは、ややうろたえた様子を見せるものの、いつもと変わらず、庭の植物の話をした。「庭の植物の成長には季節がある。根さえしっかりはえていれば、すべてうまくいく。秋が来て冬が来ても、春には必ず芽が出る」と。

チャンスにしてみれば、大統領の質問の意味もよくわからないので、とりあえず自分のできる話をしたというところだろう。しかし大統領はチャンスの話を聞いて、「今は不況で（冬のような）苦しい時期であるが、政治の根幹がゆるがなければ、景気は必ず（春を迎え）回復する」と言っていると解釈してしまう。さらにその前向きな姿勢に深い感銘を受け、翌日の自身のスピーチでそのことばを引用することになる。もちろんチャンス本人は、単純に庭の植物と季節の移り変わりの話をしていただけなのであるが。

映画の中では、その後もチャンスの発話は重要な場面で聞き手によって勝手に解釈される。その結果チャンスは、冷静で洞察力に満ちたヒーローとして信頼を集めるようになってしまう。チャンスが次期大統領候補として噂されるところで終わるこの作品を、政治や権力に対する風刺として評価することもできる。しかし政治家や権力者でなくとも、チャンスの発話を自分が納得できるように解釈しようとする可能性は大いにある。むしろ、たいていの場合、そうせざるを得ないようだ。実際、映画の中でも、大勢の人間がチャンスの発話を同じように解釈していた。それはなぜなのか、少し考えてみたい。

「わかった」と納得できる解釈

誰かが話しかけてきたら、私たちは基本的な前提として、その人は自分に何か伝えたいことがあるということを察知する。さらに、話の内容を理解することを期待して話しかけていることもわかる。そのため、聞き手である私たちは、文脈を駆使して、発話の言語情報をもとに解釈を試みる。そして「あ、わかった」と納得できる解釈が出てきた瞬間、それを「話し手が意図した解釈」として受け入れるのである。

先ほどのチャンスと大統領との会話を思い出してみよう。じつは大統領はチャンスを紹介されたとき、経済界のトップとして君臨するベンのアドバイザーであり親しい友人でもあると聞かされていた。ベン自身も、チャンスに知的障害があるとは気づいていなかった。そのため、大統領もベンも、経済成長に関する大統領の問いかけにチャンスが的確な答えをすることに何の疑いもなかっただろう。そればかりか、人並み以上の答えを期待していたかもしれない。

そのような状況で、経済の話はまったくわからないチャンスは、「成長」ということばを聞いて、庭の植物の成長には四季があるという話を始めたのである。初めは大統領もベンもとまどっていたが、チャンスが繰り返し同じことを言うので、はたと考え始める。初めにひらめいたのはベンだった。「自然界の四季は当然のこととして受け入れるのに、私たちは経済の成長にも四季があることを受け入れようとしない」とチャンスは言っているのだと。それを聞いて大統領も合点がいき、そのような前向きな姿勢こそが議会にも必要だと思わず言ったのだった。

映画を見ている側の人間には、知的障害をもつチャンスが、たとえ話を使って経済政策についてのアドバイスをするはずがないことはわかっている。だからベンと大統領がチャンスの発話を聞いて、深い洞察に満ちたアドバイスと誤解したのは滑稽だと思うのだ。じつは映画の中でベンも、チャンスが「気の利いたことばを使って保身するような人間ではない」とか、「おべっかが言えず、非常に正直に(直接的に)ものを言う」というようなことを何度も言っている。それは正しい認識だった。それなのに庭の植物の成長の話に関しては、どういうわけか、たとえ話を使って高尚な話をしたという解釈に行きついてしまったのだ。

なぜだろうか。前にも書いたように、チャンスに知的障害があることに気づいていないベンと大統領は、チャンスが少なくとも「人並み」の返答をすることを期待していた。人並みの返答とはどんなものか。この場合、大統領の質問に対する答えとして解釈できる内容をもつ発話である。しかし、経済成長に貢献する政策とはどういうものかという問いかけに対してチャンスがした返答は、植物の成長に関するものだった。案の定、ふたりの最初の反応はとまどいだった。しかしとにかくふたりはチャンスが言わんとしていることは何か、考え続けた。チャンスが問いかけに対する答えを伝えているはずだという期待があったからである。その期待こそが、たとえ話という「納得できる」解釈をふたりにもたらしたのである。

新情報と既知情報の相互作用

このように、私たちは発話を解釈するとき、その結果として何かしら納得できる解釈が得られることを期待するようである。もちろん、どう考えても理解不可能という場合もあり、そのときにはコミュニケーションが失敗したとあきらめるしかない。しかし、可能なかぎり解釈を見いだそうとするのが私たちの特徴だろう。第四章で伝達行為の意味づけとしてとらえたのがこの特徴だ。

私たちが聞き手として「わかった！」と納得できる解釈を見つけられたとき、頭の中では何が起こっているのだろうか。おおざっぱなとらえ方をすれば、発話を通して新しく入ってきた情報と記憶の中にある古い情報(つまりすでにもっている知識)の一部とが相互作用を起こしたと考えられるだろう。例を出して考えてみよう。

たとえば、男性Aさんが、幼なじみの女性Bさんに以前から好意をもっていたとする。そのBさんが、付き合っていた彼氏の転勤が理由で、どうも彼氏と別れたらしいという噂を数週間前に聞いたとしよう。しかしあくまで噂なので、真相はまだわからないし、住んでいる場所が離れているのでBさんと会うこともできない。そんなとき、Bさんと同じ会社に勤める同級生と電話で話す機会があり、Bさんが長かった髪を最近バッサリ切ったという情報をもらったとする。Aさんはその情報をどのように解釈するだろうか。

この新しい情報は、Aさんがすでにもっていた知識(既知情報)と次のような相互作用を起こすかもしれない。

① Bさんは付き合っていた彼氏と別れた可能性がある。[既知情報]
② Bさんは長かった髪を最近バッサリ切った。[新情報]
③ 一般的に、女性が髪を切るときはこれまでの恋愛関係を断ち切って心機一転するときである。[ウラ前提1]
④ Bさんが髪を切ったのは付き合っていた彼氏との関係を断ち切って心機一転するため

である。［ウラ前提2］

⑤ ①②③④から、Bさんが彼氏と別れた可能性は高い。［ウラ結論1］

⑥ Bさんは新しい恋愛関係に関心がある。［ウラ結論2］

⑦ Bさんの新しい恋愛の相手として、自分にも可能性がある。［ウラ結論3］

このうち、ウラ前提やウラ結論は聞き手のAさんの勝手な思い込みによるところが大きいかもしれないが、大事なことは①の既知情報と②の新情報とが結びつくことによって、このようなウラ前提やウラ結論が導き出されるという点である。①の既知情報では、Bさんが彼氏と別れた可能性があるだけだったのが、②が与えられたことによって、その可能性がより高まったことになったのである（⑤のウラ結論のとおり）。このように、既知情報の信憑《しんぴょう》性が新情報によってより高まるというのは、既知情報と新情報の相互作用のひとつのパターンである。

逆に、既知情報の信憑性が新情報によって弱まったり、否定されたりすることも既知情報と新情報の相互作用のひとつである。右のAさんの既知情報と関連する別の新情報がもたらされた場合を考えてみよう。Aさんに電話をかけてきた同級生によれば、Bさんは来月ロンドンに旅行に行く予定であるという。しかもロンドンは付き合っていた彼氏が先月赴任した都市であるというのだ。この場合、新情報は既知情報と次のような相互作用を起こす可能性がある。

①Bさんは付き合っていた彼氏と別れた可能性がある。［既知情報］
②Bさんは来月ロンドンに旅行に行く。［新情報］
③ロンドンには付き合っていた彼氏がいる。［新情報］
④一般的に、付き合っている相手には会いたいものである。［ウラ前提1］
⑤Bさんがわざわざロンドンに行くのは、彼氏に会いたいからである。［ウラ前提2］
⑥①②③④⑤から、Bさんが彼氏と別れた可能性は低い。［ウラ結論1］
⑦Bさんは新しい恋愛関係に関心がない。［ウラ結論2］
⑧Bさんの新しい恋愛の相手に自分がなれる可能性はない。［ウラ結論3］

今回は、新情報②と③が既知情報①と相互作用を起こした結果、④や⑤のようなウラ前提と⑥⑦⑧のようなウラ結論が導き出されたということになる。その結果、①の信憑性は⑥にあるように弱まったと言える。

新情報が既知情報と相互作用を起こすパターンはじつはもうひとつある。既知情報だけでは出せなかった結論が、新情報が与えられることによって初めて出せるというパターンである。たとえば右のAさんが、もしBさんが彼氏と別れたなら、早めに行動に出たほうがよいと判断して、この週末にBさんが住む福岡に行くことを考えていたとしよう。また、飛行機の予約を含めて、もし福岡に行くならしなければならないことが頭に浮かんでいたとしよう。ただし、まだ別れたという事実確認ができていなかったので、福岡行きは決めてはいなかった。そんなとき、Bさんの兄から電話がきて、Bさんが彼氏と別れたという情報が入った。兄が妹のことについて言っているのだから、これは信頼性の高い情報だとAさんは思った。そこでこの新情報は、Aさんの既知情報と次のような相互作用を起こすと考えられる。

①　Bさんが彼氏と別れたのなら、この週末Bさんのいる福岡に行く。［既知情報1］
②　この週末福岡に行くなら、飛行機の予約をする。［既知情報2］
③　この週末福岡に行くなら、Bさんにその旨メールをする。［既知情報3］
④　この週末福岡に行くなら、予定していたテニスの試合はキャンセルする。［既知情報4］
⑤　Bさんは彼氏と別れた。［新情報］
⑥　この週末は福岡に行く。［新結論1］
⑦　飛行機の予約をする。［新結論2］
⑧　Bさんにメールする。［新結論3］
⑨　テニスの試合をキャンセルする。［新結論4］

説明するとややこしく聞こえるが、この場合①の既知情報と⑤の新情報がまず相互作用を起こすことによって⑥の新結論が導かれ、さらに⑥が②から④までの既知情報と相互作用を起こし、その結果⑦から⑨までの新結論が導き出されることになると考えられる。新情報が与えられたことにより、これまで出さなかった結論を出すことができるようになるというこの相互作用のパターンは、創造性に富んだ思考につながる情報処理のパターンとして非常に重要である。

これまでの例が示しているように、聞き手が「わかった！」と思える解釈にいたるには、発話がもたらす新しい情報と、聞き手がすでにもっている情報とが相互作用を起こすことが不可欠である。その相互作用のあり方はひとつでなく、複数あると考えられる。

認知効果

認知科学や言語学の一部である語用論は、発話解釈を研究対象としている。この語用論では、聞き手が「わかった！」と思える解釈のことを、聞き手に「認知効果」をもたらす解釈であると説明する。認知効果は、聞き手がすでにもっている知識と発話によってもたらされた新しい情報とが結びついた結果、聞き手の知識が改善されるときに生じると考えられている。言い換えれば、聞き手の頭の中にある既知情報と発話が伝える新情報が相互作用を起こし、認知効果をもたらすということだ。

既知情報と発話が伝える新情報との相互作用の仕方には、少なくとも3種類あると考えられている。

「認知効果」が生じる状況

①既知情報が新情報によって確定する、あるいは強められる。
②既知情報が新情報によって否定される、あるいは弱められる。
③既知情報に新情報が加わることによって、新たな結論が導かれる。

先に見たAさんの発話解釈の3つのパターンは、この3種類の認知効果に対応している。認知効果が生じると、脳の中で報酬に関係するところに反応が見られることも私たちの研究でわかりつつある。誰かが話しかけてきたら、無意識のうちにその行為に意味づけをしようとする人間がもつ傾向は、もともと脳がそのように仕組まれているからなのかもしれない。

2　自分に関係のある情報を優先──処理資源は無限ではない

聖徳太子のようにはできないので……

聖徳太子は歴史上重要な人物である。最近では実在しなかったのではないかという仮説も出されているようだが、ここではあくまで逸話に出てくる聖徳太子の話をすることにしよう。

彼がまだ皇子であったとき、同時に10人の相談者から話を聞くことがあり、驚いたことに、そのあと全員に対して的確にアドバイスをすることができたという。10人がまったく別の話をそれぞれしているのに、すべてを理解できたということになる。このできごとをもとに、その後皇子は豊聡耳《とよさとみみ》とよばれるようになったとも言われている。

実際には10人同時でなく、順番に話を聞いただけだという説もあるが、とりあえずここでは同時に聞いたとしておこう。というのも、ここで言いたいのは、私たちがどんなに訓練したとしても、10件の同時進行の相談を聞き分け、的確にアドバイスすることなどできないということなのだ。聖徳太子の逸話が逸話として語り継がれているのは、私たちには到底できないことを彼がやってのけたとされているからだろう。

なぜ私たちは、聖徳太子のように一度に何人もの話を聞いて理解することができないのだろうか。それは、人間の情報処理にかけられる労力が有限であるからだと考えると説明がつく。たとえば誰かが話しかけてきたのでそちらに注意を向けると、他の人の話を集中して聞くための処理資源が十分に残っていないという状況になるわけだ。話しことばを聞いてその内容を理解するには、ことばを音として処理し一時的に保存する短期記憶や、それを意味ある情報に統合する中央実行系とよばれる作動記憶（ワーキングメモリ）の働きが不可欠だと考えられている。それらの認知システムの処理資源は有限であり、その容量を超えると、情報処理ができなくなるということになる。

テレビを見ながら電話をして、同時に新しいレシピを読んで料理もする、という人もいるかもしれない。そして確かにそのような作業の進め方が得意な人とそうでない人がいて、得意な人はたいてい女性であるという話も聞く。この場合の処理資源はどのように使われているのだろうか。聖徳太子の例は、相談者の話に対して最終的に解決策を与えるという状況での情報処理であり、一般的にこのような問題解決型の思考はより複雑で、その分より多くの処理資源を要すると考えられている。そのため普通はひとつのことに集中すると他の情報は聞きとれないということが起こるのだろう。一般的に、私たちは何かに集中してしまうと、周りで起こっていることに気づかないことがある。注意を別のものに向ける切り替えができないのだ。電話をしながらレシピが読める人は、もしかすると注意の切り替えが非常にうまくて、その結果いくつものことを短時間のうちに進めることができるのかもしれない。

ただし、電話をしながら新しいレシピで料理をすることができなくても、注意の切り替えがほとんど自動的に起こることもある。次にそれを見ていこう。

カクテルパーティー効果

家でひとりで遊んでいた3歳の息子が、突如ひとりで玄関のドアを開けて外に飛び出していくことがあった。ドアの音に何事かと驚いて、私も外に出てみると、近所の友達と遊んでいる息子の姿が見えた。どうやら息子は友達と一緒に遊びたくて外に出ていったらしいことはわかったものの、家の中からは外で遊ぶ子どもたちの姿は見えなかったので、息子がどうやって友達が外にいることに気づいたのか不思議だった。息子に聞いてみると、外にいる友達の声が聞こえたので、いなくなってしまう前につかまえようと思って一目散に走ったと言う。しかもその声が複数の友達のうち誰の声かも聞き分けていたらしい。息子に聞こえたのならば、私の耳にも息子の友達の声が届いていてもおかしくなかったが、私には聞こえていなかった。息子はなぜ友達の声を瞬時に聞き分けていたのだろうか。

その手がかりになるのが「カクテルパーティー効果」とよばれるものである。パーティーのように大勢の人がいて、お酒も手伝って会話がはずみ、わいわいがやがやしている中でも、自分の名前がよばれたらそれは耳にちゃんと入ってくる。自分の名前だけでなく、自分にとって重要な情報であれば、雑音があっても、誰かと会話している最中でも、その瞬間そちらに注意が向いて処理が可能になるという。心理学では、これを「カクテルパーティー効果」とよんでいる。自分の注意の矛先は、意識的に決めることもできるが、知らないうちにあるものに注意が引きつけられることもあるということだ。

何が重要な情報かというのは、当然ひとりひとり異なるだろうが、すべての人間が共通に意識せずに、ほぼ反射的に注意を向ける傾向がある情報もある。人間の認知システムが生物的にそのように作られていると言ってもよいかもしれない。

たとえば赤ちゃんは、母親の話しかける声には反応するが、父親の声にはあまり反応しない。たいていの母親は、赤ちゃんに向けて話をするときは、大人に向けて話をするときよりも声のトーンをあげ、おおげさな話し方になる。赤ちゃんに向けて話すときだけに使われるこの特徴的な話し方は、マザリーズとよばれることもある。どうやら赤ちゃんの耳はマザリーズを好んで聞くように作られているようである。世界のどこでも、母親のマザリーズの特徴は決まっているようだ。また赤ちゃんは、顔あるいは顔に似たものを好むこともわかっている。とくに、目を好んで見る赤ちゃんが多いという。

色彩にも私たちの注意をいつのまにか引いているものがある。真っ赤や、強い黄色はどんな環境においても目立つ色である。このような色は、世界中で信号にも使われている。黄色は、遠くからでもよく見える色でもある。それが安全にもつながることから、幼稚園児のカバンや帽子には黄色が選ばれていると言われている。

情動的に注意が引きつけられるものもある。子育てを経験した人であれば、赤ちゃんが周りにいると、つい目がそちらにいくという人は多いのではないだろうか。自分にとって重要な情報に注意が引きつけられるという人間の性質を最大限に利用しているのが広告やコマーシャルを含むマーケティングである。広告業界には３Ｂの法則というものがあるそうだ。「美人（Beauty）と赤ちゃん（Baby）と動物（Beast）」を広告やコマーシャルで使うと失敗しないということらしい。

ヒキガエルも同じ

自分にとって重要な情報に注意が引きつけられるというのは、もちろん人間だけの話ではない。たとえばヒキガエルにとっては、エサを見つけること、天敵をいち早く見つけること、伴侶をつかまえることは、生存と種の保存のために不可欠であるが、それを可能にするのは特定の情報処理方法である。ヒキガエルがエサを見つけるのと天敵を認識するのには視覚が中心的な役割を果たすと言われている。

視覚に入ったものがエサかどうかを見分けるには、その動きを利用するらしい。虫が飛んでいるような動き方をする黒いシルエットには反応するが、それ以外の刺激には反応しないという。虫が飛んでいるときにはエサとして認識して舌をのばしてつかまえることができるが、動かなければエサだとわからないのだ。非常に単純なシステムであるが、一瞬のうちに虫をつかまえるには、複雑なシステムではむしろ不利になるだろう。逆に、虫が飛んでいるのと同じような動き方をするシルエットは、エサにならないものでも舌をのばして口に入れるらしい。

天敵に対しても、見た目によって認識できたりできなかったりするという。ヘビがヘビらしく鎌首をもたげて動いていれば、それを認識し警戒するが、なにもせず動かないでいると、まったく警戒しないようだ。こちらも単純なシステムであるが、それでもたいていの場合は天敵から身を守ることができるのだろう。

確かに人間の場合は、ヒキガエルよりはるかに複雑な情報処理システムをもっていて、多種多様な刺激を取り入れることができる。それでも人間とヒキガエルには重要な共通点がある。自分にとって重要な情報だけを処理するように(それ以外は素通りするように)作られているということである。ヒキガエルの場合は、どんな刺激を処理するかは生物として決まっていてまったく選択の余地がないが、人間の場合、注意の矛先を意識的に選択する自由もあるという点で異なる。だが、人間の場合も処理資源が有限であることは変わらず、ある情報に注意を向けるとそれ以外の情報は遮断されることになる。こうして特定の情報だけが優先的に処理されうる状況が作られ、それ以外の情報は見過ごしてしまうというところが、ヒキガエルと同じというわけだ。

もちろん、情報が重要かどうかは実際処理してみないとわからない。ヒキガエルも虫だと思って食べてみたらまったく別のものだったという経験をする。私たち人間も、重要な情報だと思ってそこに注意を向けて(つまり他の情報は遮断して)聞いていたけれども、後になって「だまされた!」「聞いて損した!」と思うこともある。それでもつい声をかけられると話を聞いてしまうのは、少なくとも最初のうちは、提供される情報が自分にとって何らかの意味でプラスになるという期待があるからである。その期待だけで私たちは話に耳を傾けるのである。ヒキガエルが舌をのばすのと同じように。

3　コミュニケーションの鍵は関連性

耳を傾けるのは投資、報酬は認知効果

ヒキガエルにとって、エサは生存のために欠かせない。そして飛び回る黒いシルエットを認識することは、エサである虫をつかまえるのに不可欠である。つまり飛び回る黒いシルエットはカエルにとって重要な情報なのである。私たち人間にとっても、生存のためには食べ物はもちろん必要であり、それを得るための情報が重要であることは変わらない。生存や種の保存につながる情報は、人間にとっても動物にとっても重要性が高いことに疑いはない。好きな異性のことは何でも知りたいと思うのも、母親が子どもの泣き声に反応するのも自然なことである。

しかし、人間にとって重要な情報は生存と種の保存に関わるものだけではない。人間社会では、今すぐに生存や種の保存に直接的に影響を与えるわけではない知識というものに価値がおかれるようになったのである。ただし、長期的に見れば、知識は自分の利益につながると考えられる。長い目で将来を見据えた生存や種の保存というものが人間にとっては重要なものとなったと言えるだろう。もちろん私たちが過去や将来について考えたり、計画したり、知識を重要視するにいたるまでには、人間の認知システムが進化する必要がまずあった。人

間が処理できる情報は他の動物と比べてはるかに多種多様であり、処理した膨大な情報を記憶して頭の中に保存することができる。情報処理システムはより洗練され、複雑な思考も可能になった。新しいことを学習することも、自ら創造していくこともできるようになった。こうしてさまざまな問題解決に情報が生かされるようになった。そして言語とコミュニケーション能力が情報の伝達を可能にしたのである。

しかしどんなに知識を増やしたいと思っても、人間の情報処理資源が有限であるという事実は変わらない。複雑な情報処理ができるようになる進化の過程で、人間の脳の体積も大きくなったはずではあるが、脳は膨大なエネルギーを消費することや、頭が大きくなると難産になるなどの生物的な制約により、いくらでも大きくなれるわけではなかったという事情もあるだろう。そこで、人間は有限な資源を使って、もっとも効率的に情報を処理するように進化したと考えられている。

効率の良い情報処理をしようとする人間の認知システムの特徴は、対人コミュニケーションにもあてはまる。対人コミュニケーションの場合、自ら情報を入手する場合と違って、聞き手の側にはあまり選択権はない。私たちはもし誰かが話しかけてきたら、たいていはそれを聞こうとする。つまり、コミュニケーションは話し手にイニシャティブがあるということだ。話し手は聞き手を選択することができるが、対人コミュニケーションでは聞き手は話し手を拒否することは難しい。それでは、効率的な情報処理を達成するために、聞き手は何ができるのだろうか。

効率的な情報処理というのは、先に紹介した「認知効果」ということばを使えば、最低限の労力を費やして最大限の認知効果を得ようとすることであると言い換えることができる。私たちが情報を処理した結果、「わかった！」と納得できる解釈を見つけられた場合、その情報は十分な認知効果をもたらしたと考えてよいだろう。それに加えて、私たちは個人的に大変重要だと思える情報や、興味をそそられたり、おもしろいと思ったり、驚かされたり、感動させられたりする情報を得ることがある。そのような情報は、とくに大きな認知効果をもたらしたと見なすことができる。最初に紹介した「チャンス」のストーリーを思い出してほしい。大統領はチャンスの返答を新しい政策への手がかりを与える重要な視点として受け取り、自分のスピーチにも引用した。このような場合、チャンスの言ったことは、大統領にとって認知効果が非常に大きかったと言えるだろう。

一方、労力の点から考えてみると、チャンスの言ったことは大統領にかなりの処理労力をかけたと言える。たとえ話や比喩は、直接的な言い方よりも多くのウラ前提やウラ結論が必要となるからだ。解釈を得るまでの推論のステップが少ないほうが処理労力は少なくて済む。

このように、効率的な情報処理という点から見ると、人間にとって情報の認知効果は大きいほうがよいが、処理労力はあまりかからないほうが好ましいということになる。ダン・スペルベルとディドリー・ウィルソンは、人間の認知システムは、処理可能な情報の中で、効率の点から好ましい情報を選択的に処理するように作られていると考えている。そしてそのような効率性の高い情報を「関連性の高い情報」として次のように定義している。

「関連性の高い情報」

①　情報処理の結果得られる認知効果が高ければ高いほど、情報の関連性は高くなる。

②　情報処理に費やす処理資源が少なければ少ないほど、情報の関連性は高くなる。

いったんある情報を選択して処理し始めてからも、認知システムは、情報処理の効率性をより高めるべく作動すると考えられる。言い換えれば、情報の関連性をより高めようとして人間の認知システムが働くということである。スペルベルとウィルソンはこのことを次のような「関連性の認知原理」として提案している。

「関連性の認知原理」

人間の認知システムは、関連性を最大化するように作動する。

もちろん聞き手は、話しかけられた時点では、話し手の提供する情報が関連性のある情報であるかどうかはわからない。しかしもし「関連性の認知原理」が正しいとすれば、聞き手の認知システムは、話を聞き始めたときから、つまり発話解釈が始まる瞬間から、自動的に情報処理の効率性を高めようとすると考えられる。

報酬が増えるなら投資額も増やす

効率の良い情報処理を求める認知システムにとって、同じ認知効果をもたらす発話がいくつかある場合、より簡単に処理できるもののほうが当然好ましい。急に高熱が出て病院に行ったとしよう。もし疑っていたとおりインフルエンザだった場合、医師から「あなたはインフルエンザでないということはありません」と二重否定を使って言われたとしたらどうだろう。インフルエンザでないほうがもちろんありがたいが、そうでないなら最初から「あなたはインフルエンザです」と言ってもらったほうがわかりやすいと思うのではないだろうか。

婉曲な表現や、比喩、皮肉を理解するには、より多くの処理資源が必要だということがわかっている。もちろん、解釈に必要な文脈が予測しやすいかそうでないかによっても、どのくらいの処理資源を要するかは変わってくる。できるだけ処理資源を節約しようとする認知システムにとって、皮肉や冗談は好ましくない発話のタイプであるはずだ。それなのに私たちが皮肉の混じった冗談を楽しむのはなぜだろうか。

関連性は処理資源と認知効果のバランスで決まる。そのため、認知効果が一定なら、処理資源が少ないほうが効率は良い。その一方で、もし認知効果が増えるなら、処理資源が増えても必ずしもバランスがくずれることにはならない。投資家がより多くの見返りを期待して投資額を増やすことがあるのと同じように、発話解釈でもより多くの認知効果を期待できる場合は処理資源を多めに費やすことが起こりうると考えられる。

スペルベルとウィルソンは、コミュニケーション開始時に、すでに聞き手は発話が関連性の高い情報をもたらすことを期待すると提案している。具体的には次のような2つの期待が、聞き手に処理資源を投資してまで発話を聞こうという気にさせるという。

「聞き手がもつ関連性の期待」

①聞き手は、発話が話し手の能力と選択の範囲内で最大の関連性をもつものであると期待する。

②聞き手は、発話には少なくとも自分の注意を発話に向けるに足りる関連性があることを期待する。

ここに出てくる「最大の関連性」をもつ発話というのは、情報処理にかかる処理資源は最低限で、もたらされる認知効果が最大である発話ということになる。ただ、①にあるように「話し手の能力と選択の範囲内で」という制約が加わることが重要だ。聞き手にとってどのような発話が大きな認知効果をもたらし、なおかつ処理資源は最低限で済むかということを正確に予測し、そのとおりに表現を選んで話をすることができれば理想的な話し手ということになる。しかし実際にそれができる話し手はほとんどいないと考えられる。聞き手もそれを知っているので、認知効果がほどほどあって、処理資源も高すぎないという程度であれば良しとしようという許容範囲の広い期待を、コミュニケーション開始時に聞き手はもっていると考えられる。ただし、人間にはひとつの発話に注意を向けてしまうと、同時に他の情報を処理することができなくなるという認知的な制約がある。そこで②にあるように、聞き手が自分の注意を発話に向けた分の処理資源に相当する認知効果を少なくとも期待するということが起こるわけだ。

そのため、もし発話が聞き手にとって関連性をもつものでなかったら、言い換えれば、最低限の処理資源を要し、話し手の能力や嗜好を考慮しても十分な認知効果をもたらすようなものでなかったら、コミュニケーションは成立せず、聞き手は満足しないだろう。この場合、話し手の責任が問われることになる。

ただし、このような期待をしていることは、聞き手自身が意識することはほとんどないと考えられる。意識にのぼるとすれば、それはよほど時間がないときに話しかけられて話を聞くかどうか迷うときや、つまらない話を長々と聞かされて後悔するようなときだろう。

先に紹介した「関連性の認知原理」によれば、聞き手の認知システムは、発話解釈が始まると同時に、情報処理の効率性を高めようとする。すなわち情報の関連性をできるかぎり高めようとするのである。認知システムが自動的にこのように働くとすれば、聞き手の解釈はおのずと方向性が決まってくる。スペルベルとウィルソンは、聞き手は、情報の関連性を高めるために次のような解釈の方略をもっていると提案している。

「関連性にもとづいた解釈の方略」

① 処理労力を少なく抑えて認知効果を計算せよ。とくに候補となる解釈をアクセスしやすい順に吟味せよ。

② 期待された関連性が満たされる解釈が見つかったら、そこで解釈をやめよ。

スペルベルとウィルソンが正しければ、先に紹介した映画の中でチャンスの植物の成長の話を聞いた大統領もこの方略を使っていたはずである。ところが経済成長についての意見を聞きたかった大統領にとって、チャンスの植物の成長の話は容易に認知効果をもたらしてくれるような情報ではなかった。つまり、その文脈において意味をなすアクセスしやすい解釈がなかったということになる。しかし相手が自分にとって価値がある情報をくれるはずだという（関連性の）期待があるため、「わかった！」という解釈が見つかるまで労力をかなり費やすことになってしまった。それでも大統領にとって幸いだったのは、見つかった解釈が非常に意義深い（認知効果が高い）と思えたことである。自分の使った処理労力に余りある報酬を情報がもたらしてくれたと実感できたとき、期待された関連性は満たされるのである。

解釈の始まりは話し手の伝達意図に気づくこと

発話の解釈とは話し手の意図を理解することと同義である。ここでは話し手の意図を2つに分けて考えてみたい。

まず、発話解釈の中身に関する話し手の意図、つまり情報の内容をわからせようとする意図がある。このような意図は情報の中身に関する意図なので、「情報意図」とよんでいる。情報意図の目的は、聞き手がその情報を処理することで達成される。そのため、対人コミュニケーション以外でも情報意図は達成できる。ブログで情報を流したり、ユーチューブで映像を流したりする人は、発信者として名乗る場合もあるが、そうでない場合も多い。誰もが見ることができるように発信すれば、発信者からは誰がその情報や映像を見るかは予測も確認もできない。だが、不特定多数の相手が自分の流した情報を目にしたとき、発信者の情報意図は達成されると考えられる。コマーシャルや広告も同様である。

その一方で、対人コミュニケーションに限って存在する話し手の意図というものがじつはある。それが第四章でもふれた「伝達意図」、すなわち話し手が聞き手に対して伝えたい情報があるということをわからせようとする意図である。私たちは誰かに話を聞いてもらいたいとき、まず相手の注意をこちらに向けてもらわなければならない。「ねえ、ねえ」「○○さん！」と声をかけることもあるし、相手から見えるところに立って手を振ってみることもあるだろう。伝言のメモだったら必ず目につくところに目立つように置いておくだろう。聞き手が話し手に注意を向け、伝達意図に気づくことによって、発話解釈が始まるというわけだ。

2つの意図をまとめると次のようになる。

①　伝達意図…話し手が聞き手に対して伝えたい情報があることをわからせようとする意図
②　情報意図…情報の内容をわからせようとする意図

このうち伝達意図は、発話解釈に必要な処理資源を聞き手に消費してもらうことを促す役割を果たしているので、大変重要である。聞き手の認知システムは、発話解釈の開始時に自動的に効率の良い情報処理をすべく作動し始めていると前に書いた。対人コミュニケーションにおける聞き手の情報処理システムは、話し手の伝達意図を認識した瞬間に作動し始めると考えてよい。話し手が伝達意図を聞き手に伝えると、聞き手の認知システムは処理資源の投資を始め（聞き手は注意を話し手の発話に向けて聞き始める）、それと同時に、投資に見合った報酬としての認知効果を探し始めるというわけだ。

スペルベルとウィルソンは、この伝達意図の機能に着目し、それが聞き手の発話解釈を起動させるものであると考え、次のような原理として提案している。

「関連性の伝達原理」
発話はそれ自身が最適な関連性をもつ見込みがあることを伝達している。

発話に限らず、話し手の伝達意図が話し手と聞き手両者の間で確認できるような刺激が聞き手に示されれば、聞き手の認知システムは解釈を始めると考えられる。アイコンタクトや表情、ジェスチャーなども話し手の伝達意図を示す道具として代表的なものである。

世間話はなぜするの?

「いい天気ですね」「雨がひどくなってきましたね」「やっと春がきましたね」といった天気に関する話を私たちはよくする。いわゆる世間話だ。八年あまり住んでいたイギリスでも、一日に何度も天気の話をすることは少なくなかった。冬が長かったので、春が近づくころになると「水仙が咲き始めましたね」「すみれを見つけましたよ」と挨拶を交わしていたのを覚えている。日本なら梅の花のころだろうか。

こういった他愛ない天気の話や季節の話というのは、これまで見てきたような、新しい知識の獲得のための情報交換という点から言うと、ほとんど意味がない。夜になって予想外の雨が降り始めたとき、私も含めて大勢の傘を持たない人が駅でタクシーを待っていたことがあった。隣でやはりタクシーを待っていた人と、「雨がひどくなってきましたね」「そうですね」と短い会話が続いた。当然ふたりとも雨の状態を目の前で把握していたわけで、にもかかわらずわざわざそれを話題にするのはなぜだろう。

世間話をしているときの会話の内容は、新しい情報を得て知識を増やすというコミュニケーションの目的に合致していないという特徴がある。この章で見てきたように、人間は効率の良い情報処理をしようとするので、処理する情報を取捨選択しているはずである。知識を得るためにはほとんど価値のない情報をやりとりする世間話は、これまで見てきたような認知効果をもたらさないため、コミュニケーションに効率性を求める傾向に反するように思われる。処理労力はさほどかからないだろうが、認知効果がまったくないとなれば、効率は良くない。このようなコミュニケーションが人間にとって無駄なものであると判断されれば、世間話はどこかで淘汰されてなくなってしまってもおかしくないだろう。

ところが、少なくともこれまでは世間話はなくならなかった。となると、それが人間にとって何らかの意味をもつと考えたほうがよさそうである。世間話が聞き手にとって意味があるとすれば、それはおそらく世間話をしている人どうしの関係の確認という点においてだろう。通りすがりに会った知り合いや同僚に「風が冷たいですね」「蒸し暑いですね」などと言われて「そうですね」などと返すのは、互いに相手のことを良好な関係にある知り合いとして認めている、言い換えれば敵対する相手とは思っていないということを伝えているとは言えないだろうか。挨拶なども同じような意味をもつと考えられる。たとえば夫が「おはよう」や「ただいま」と言っても、妻から「おはよう」や「おかえり」ということばがいつものように返ってこないというような場合、妻が夫に対して何か抗議したいことがあると推測できるのはそのためだ。

世間話も話が長くなるにつれ、天気の話からより個人的な話になっていくことも少なくない。どこまでが世間話で、どこからが情報交換を目的としたやりとりになるのかは線を引くのが難しいが、世間話のひとつの特徴は、話し手と聞き手が共有している、あるいは共有すべきと思われる話題についてやりとりをするということかもしれない。天気の話などは双方がすでに共有している情報だが、たとえば「○○さんに女の子が生まれたそうですよ」などという話は、聞き手にとっては新情報であるかもしれない。大事なことは、それが双方が共有すべき情報として伝達されていることだろう。話し手と聞き手の人間関係の確認に加えて、情報の共有を通して両者が同じコミュニティの一員であるということの確認をするということも世間話の効用と言えるかもしれない。

ふたり以上の人間がいればコミュニティができ、人と人とがつながる理由はそれぞれのコミュニティでさまざまだ。恋人、夫婦、親子、親友、クラスメート、趣味のサークル、会社、ご近所、同郷、同世代などなど。心理的に見ると、自分と相手が互いの関係を確認することや同じコミュニティの一員であることを確認することは、自分と相手が共感できる間柄であることを確認しているということになる。私たちは誰かと共感し合えたと思うと、ほっとしたりうれしくなったりする。次の俵万智さんの短歌にもそれがよく表れている。

「寒いね」と話しかければ「寒いね」と答える人のいるあたたかさ

（俵万智『サラダ記念日』より）

共感の体験が安心感や喜びをもたらすことは、コミュニティ内の人間関係を良い形で維持することにつながる。人間を含む社会的な動物の多くが共感を体験することができると言われているが、それはおそらく動物界のさまざまな社会の維持や統制に共感の体験が大きな役割を果たしてきたからだろう。共感を目的としたコミュニケーションが人間以外の社会的な動物にも見られることは、コミュニケーションの進化を考えるうえで重要なことだ。言語を獲得した人間は知識の獲得のために言語コミュニケーションを使うようになったが、共感を目的としたコミュニケーションが言語獲得前にあったとしても不思議ではないだろう。人間のコミュニケーションの中でも、共感を基盤とする挨拶や世間話といったものはもっとも原始的なものと言えるのかもしれない。

このように考えてみると、世間話や挨拶の認知効果は情報の中身ではなく、相手が話しかけてきたとか返事をしてくれたという事実の確認によってもたらされると考えられる。その事実の背後に、聞き手は相手の意図を読みとるのである。言い換えれば、これは話し手の「伝達意図」への気づきに他ならない。

たとえばCさんが「寒いね」とDさんに言ったとしよう。Dさんはまず Cさんの伝達意図に気づくだろう。そして「寒い」という情報そのものはDさんにとっては価値をもたない(そのため深読みする必要もない)ことに気づく。肝心なのは、この次のステップである。Cさんに伝達意図があることは確信したが、情報の中身に認知効果は期待できないと察知したDさんは、次に情報の中身以外のところに認知効果を求めようとすると考えられる。ここで役に立つのが、次のウラ前提だ。

一般的に誰かに話をしようとする（伝達意図を相手に示す）人は、相手に敵意はなく、むしろ親しみをもっている。

このウラ前提が簡単に思い浮かぶ、つまり労力をあまり要しないということも重要である。このウラ前提からDさんは「Cさんは自分に敵意はなく、むしろ親しみをもっている」「Cさんは自分との人間関係は良好だと思っている」などといったウラ結論を出すことができるだろう。それが「寒いね」というCさんの一言のもたらす認知効果となると考えられる。

住む場所や話すことばが違っても、世間話の話題がだいたい決まっているのには理由があるのかもしれない。世間話で話し手が伝えたいことが、主にコミュニティも含めた人間の関係性の確認であれば、聞き手に与える情報は天気の話など、情報そのものにほとんど価値がないもののほうがその意図が伝わりやすいと言える。挨拶のことばは、すでに情報としての価値がないものとして機能していると考えられる。挨拶をし合うことの唯一の認知効果は社会的な確認であるからだ。私たちが互いの社会的な関係を重視し続ける間は、世間話や挨拶はコミュニケーションの一端として意味をもち続けるのだろう。

第六章　過大評価しがちな話し手

1　聞き手に責任はない

子どもや外国人の聞き手には配慮できても……

その週末、息子は祖父母の家に外泊することになってうきうきしていた。

私「おじいちゃんとおばあちゃんとまた会えるのはうれしいね。一緒に何したい？」

息子「レイクタウン（祖父母宅に近い大型ショッピングモール）に行きたい」

私（祖父母に何かねだろうとしていると推測し）「おじいちゃんとおばあちゃんにそんなにいつも「買って、買って」って言っちゃいけないのよ」

息子「わかった」

私「そう、わかったならいいよ。「買って、買って」って言っちゃだめだからね」

息子「うん、「買って」って言う。一回だけ言う」

一瞬絶句したが、息子がわざとそう言ったわけではないことを確認すると、おかしさがこみあげてきた。ずっと自分のことを「ぼく」と言っていたのが、最近わざと「おれ」と言って私の反応を見てみたり、「ウルトラマンは「おれ」じゃなくて「わたし」って言うのはどうして?」と聞いたりするようになってきた息子には、ことばを客観的にとらえるメタ言語能力が育ちつつあるようだった。私が「「おれ」はやめてね」というと「じゃあ、「ぼく」にする」と言っていた息子は、それと同じ感覚で、「買って、買って」がだめなら「買って」と言えばよいと思ったのではないだろうか。結局レイクタウンに息子を連れていった祖父母は「それはもちろん、わざと言ったのよ」と言っていたが。

息子がわざとではなく最後の一言を私に返したとすると、私の意図はまったく息子には伝わっていなかったことになる。私が伝えたかったのは、「祖父母におねだりばかりしてはいけない」ということだったのだから。「おねだりしてはいけない」という解釈が思い浮かばなければ、母親はものの言い方について話をしていると考えて、「買って、買って」ではない別の言い方にしなさいと言っていると思ってもおかしくはない。結果的に私が意図した解釈ではなかったが、息子は息子なりに解釈を見つけたという点では、聞き手が少ない労力で認知効果を得ようとするという前章で述べた予測どおりと言えるだろう。

大人と子どもとの会話では、うまく話が通じていないなと大人が気づくことはよくある。相手が子どもならば、どうしてわからないのだと大人が子どもを責めることはあまりないだろう。なぜか。それは、子どもの知識や常識が話し手である自分と同じであるとは、そもそも期待していないからだ。子どもの場合、使われたことば自体をよく知らなかったり、ウラにある意味を読みとるための文脈が見つからなかったり、そもそもウラに意味があることに気づきもしない可能性がある。そのことを経験的に知っているから、(先ほどの私のように)その可能性をうっかり忘れてものを言ってしまうこともよくあるが、子どもの誤解は仕方ないとすんなり受け入れられるし、ときにはおもしろいとさえ思える。

子どもだけでなく、言語文化を共有していない外国人が相手の場合も、私たちはコミュニケーションの失敗をたいてい納得して受け入れることができる。言語能力の問題だけでなく、相手と自分が共有している情報や価値観が少なく、そのため発話解釈に必要な文脈が一致しない可能性が高くなり、コミュニケーションが失敗するかもしれないという予測ができるからだろう。道順を説明するときなど、日本人はとても丁寧にわかるまで教えてくれるし、話だけでは通じていないとわかると、一緒に歩いてくれるという評判もよく聞く。自分の伝えている道順が相手に通じていないことを認識するだけでなく、それによって相手が道に迷ってしまうことを予測し、さらにそれでは気の毒だからと思いやり、しばらく一緒に歩いてわかりやすい目印を探すという行動に出るということだ。日本は気配りの国である。

しかし私たちの日常的なコミュニケーションについて考えてみると、その気配りがうまく機能していない、あるいはほぼ使われていない場合も少なくないことに気づく。親しい友人や一緒に暮らす家族と話しているときなどを思い出してほしい。相手には自分の言っていることが当然わかるはずという前提で話をしていることが多いのではないだろうか。じつはそういうときこそコミュニケーションが失敗する可能性が高まるのである。もちろん失敗したら相手にわかるように言い直せばよい。しかし何をどのように言うかなど意識しないで話しているので、失敗してもなぜ失敗したのかがわからないという、さらなる問題につきあたることも少なくない。表向きはうまくコミュニケーションできているように見えて、じつは大きな勘違いをしたりされたりする場合、問題はより深刻だ。

池上彰さんは、子どもにニュースをわかりやすく説明するのが仕事だった時期に苦心したり工夫したりしたことが基盤となって、誰が聞いてもわかる説明ができるようになったそうだ。誰もが、相手が子どもや外国人であれば、相手の状態や自分自身の言っていることを確認しながらわかりやすく話を進めることができる。その経験を相手が親しい友人だったり家族だったりするときに生かすことができそうだ。しかし私も含めて、日常生活でなかなかそんなことはできないと言う人も多いと思う。なぜだろうか。

ひとつには、そのような配慮をしなくても、自分も相手もリラックスした状態で話ができるほうが楽だし、実際それがうまくいくことも経験しているから、それが当然と思う、ということがあるだろう。いつも神経をとがらせてコミュニケーションしているのでは疲労困憊してしまう。あるいは、ことばの力を借りなくても、通じ合える相手、つまり知識、経験、価値観、感じ方などを共有できる相手がいることは誰にとっても心地よい感じがするということもあるだろう。相手にわかってもらえているという認識や相手とつながっているという感覚を経験することは自分の存在の確認にもなる。そういう経験は私たちにとってかけがえのないものである。一般的に人間は共感を求め、共感の経験が人間にとってさまざまなポジティブな効果を生む。前章でふれた世間話がなぜ存在するのかも、人間が共感を求める動物であると考えると説明がつく。

しかし、相手と自分には共通点があるとか、互いに共感できる関係であると期待することと、自分の話し手としての能力と相手の聞き手としての能力を過大評価することとは別である。自分も相手も全知全能ではないし、コミュニケーションがなされるときに両者がおかれた状況も千差万別で刻々と変わるため、「緊張してことば足らずになって、思っていることが伝えられなかった」「疲れていてちゃんと聞いていなかった」「時間がなくてポイントだけ言ったけれど、とげとげした言い方になってしまった」といったことは日常茶飯事のはずである。実際に共感できる関係にある相手であっても、つねにパーフェクトなコミュニケーターにはなれないということを頭の片隅においておくことが大切ではないだろうか。

先に見たように、相手が子どもだったり外国人だったり初対面の人だったりする場合には、私たちはいち早く、この相手とではコミュニケーションが失敗するかもしれないと予測し、自分と相手をモニターしながら会話をしたりすることができる。あるいは私と息子の会話のように、最初はてっきり通じると思って話をしていたけれど、結果的に通じていなかったことがわかると、すんなりそれを認めることもできる。つまり、程度の差はあれ、たいていの人はコミュニケーションが成立するのに必要な予測能力、自己・他者モニター能力、相手の反応によって言い方や文脈を使い分けていく能力、誤解を認識して対応する能力を持ち合わせていると言ってよいだろう。ただ、それらを使わない、使えないときもあるということだ。

そこで本章では、どういうときに私たちはこのような能力を使わない、使えなくなってしまうのかについて、つまり我々の話し手と聞き手としての限界とでもいうべきものについて考えてみたい。理想的な話し手になるにはどうしたらよいか、という話ではない。それとはほど遠い、かなり自己中心的な話し手と聞き手に私たちがなりうるということを前提にして、つまりコミュニケーションが失敗することも当然あるということを前提として、私たちがどういう状況でその要因を作るのかを考えてみたいのだ。複雑な要因が関わっていてその全貌を理解することは難しいが、部分的にでも理解できていれば、コミュニケーションがうまくいかなかったときに、その原因を把握することが少しは容易になるかもしれない。

聞き手は節約志向

ここではまず聞き手の特徴について考えたい。前章でとりあげたように、効率性を求めた選択的な情報処理が聞き手の発話解釈の認知的基盤になっているとすれば、聞き手は処理資源を最小限に抑え、なおかつ十分な認知効果が得られるように発話解釈をするということになる。処理資源を節約する傾向は、認知システムのもっている普遍的なもので、基本的に個人差はないと考えられる。認知効果が得られるまでは解釈を探し続けるが、「わかった！」と納得できる解釈が思い浮かんだら、その時点で聞き手は解釈をストップする。それ以外の解釈は検討されない。例外的にいくつもの解釈が容易に思い浮かんで、そのうちどれが意図された解釈なのか判断できない場合もある。が、その場合は聞き手にもそのことが意識できることから、話し手に確認することも可能になる。

いずれにしても、聞き手の解釈が節約志向であることをふまえて、話し手は発話をするとき、聞き手に意図した解釈を選んでもらうために、次のことに注意しなくてはならない。

「話し手の方略」

① 聞き手の処理資源に値する認知効果を達成する。

② 聞き手の処理資源を不必要に消費させてはいけない。

この2つの方略は、話し手が伝達しようとしている情報が、聞き手に認知効果をもたらすかどうかということと、聞き手がどのくらいの処理資源を使ってくれるのかについて予測をすることを求めている。しかし実際は予測と実際が食い違うことがある。なぜだろうか。

聞き手の処理資源についての予測が難しいということが考えられる。それぞれの聞き手による個人差もあるだろうが、もっと厄介なことに、どうやら私たちは使える処理資源をいつでも同じようには使っていないようだ。スペルベルとウィルソンが言うように、聞き手は一応話し手の能力や嗜好を考慮に入れる能力をもっているものの、もともと聞き手の情報処理システムは節約志向なので、自然に任せていると容易にわかる解釈を選ぶ傾向が強く、必要以上に節約してしまうことがあるらしい。

たとえば発話を解釈するとき、聞き手は話し手の意図や信念を推測する必要があるが、それにも当然、処理資源がかかる。じつは、聞き手は話し手の意図や信念を理解するのにいつでも同じように処理資源を使うわけではないことがB・カイザーたちの実験で示されている。

この実験では、カセットテープとセロテープが机の上に用意されていた。どちらも「テープ」とよばれるので、「テープを取って」と言われただけでは、通常聞き手はカセットテープかセロテープか、どちらを指しているかわからないところがポイントだ。ただし、この実験ではおもしろい工夫がされていた。机の上に置かれたカセットテープは話し手と聞き手からよく見えていたのに対して、セロテープは同じ机の上にはあったものの、紙袋の中に入れられていたので見えなかったのである。じつは紙袋の中にセロテープが入っていることを、聞き手だけは事前に教えられていた。聞き手は、そのことを知っているのは自分だけであることも知らされていた。

このような状況で、話し手が「テープを取って」と言えば、それは当然「カセットテープを取って」という意味であることに異論はないだろう。話し手は紙袋の中にセロテープが入っていることを知らないからである。ところが実験では、紙袋を取って渡す聞き手が3割ほどいたのだ。話し手が紙袋の中にセロテープが入っていることを知らないとわかっていても、聞き手は「テープを取って」と言われたときに自動的に「セロテープを取って」という意味だと解釈してしまったということになる。自分の解釈を、話し手の知識に照らし合わせて修正することなく、行動に移してしまったということのようだ。

親しい相手だと聞き手は自己中心的に解釈しがち

さらに、私たちは聞き手の立場にあるとき、話し手が誰であるかによって、おそらく無意識に、処理資源をどのくらい使うかを変えているようなのだ。話し手と親しい間柄であればあるほど、聞き手は自分中心に解釈する傾向があることをつきとめた実験がある。

この研究グループの実験では、話し手と聞き手の間に図のような4×4の16区画に仕切られた棚が置かれていた。仕切られた16区画のうちいくつかにはモノが置かれている。そして聞き手からはすべてのモノが見えるのだが（この図は聞き手から見たように描かれている）、棚の向こうにいる話し手からは、奥に緑色の紙が貼られている区画（この図では灰色の網かけをした部分）は中身が見えない。聞き手もそのことを知っている。話し手は「マウスを別の区画へ移してほしい」と聞き手に言う。ここで肝心な点は、話し手からは2段目左端にあるパソコンのマウスしか見えないが、聞き手にはパソコンのマウスだけでなく3段目右端にある木彫りのマウス（ねずみ）も見えるということだ。話し手は事前に、パソコンのマウスも木彫りのマウスも「マウス」と表現するようにと言われている。つまり「マウス」と言われたときに聞き手が目をやる可能性のある場所が2ヵ所あることになる。

この実験では、話し手が「マウス」ということばを使って聞き手に指示を与え、聞き手がパソコンのマウスを取り上げるまでの間に、聞き手が木彫りのマウスをどのくらい見ているかが計測された。その結果、話し手が親しい友人であるときには、見ず知らずの他人だったときよりも、聞き手は木彫りのマウスに目をやる時間が長いことがわかった。親しい友人が話しているときには、そうでないときよりも、自己中心的な解釈に走る傾向が高いということが示唆されたのである。

「マウスを移して」と言われてどこを見るか？
（話し手に見えるのはパソコンマウスだけで，ねずみのおもちゃは見えない）

右で紹介したのは話し手・聞き手の人間関係の影響だが、それとは別に、聞き手自身の状態により、自己中心的な解釈をすることも当然あるだろう。たとえば、他に注意を向けているときや、疲れているときなどに、私たちは自己中心的な解釈をしがちである。話し手は、そのような聞き手の状態を配慮して、何をどのように言うかを考える必要がある。

子どものほうが自己中心的

子どもの場合は、第一−二章でふれたように、相手の意図などをほとんど考慮せず、自己中心的な解釈を意図された解釈として選択することも多い。子どもが自己中心的な解釈で満足してそこで解釈を止めるのに対して、大人は途中まで自己中心的な解釈をしていても徐々に相手の意図を考慮した解釈へと移行することが実験で明らかになった。

先に紹介した実験で用いられたのと同じような仕切りのある棚が使われた(図を参照)。今回は平均6歳の子どもが母親と組になって参加した。棚には大中小の3種類のトラックのおもちゃと糊が1つ、そのほかに実験には関係のないおもちゃなどが置かれていた。糊はどのトラックよりも下の段に置かれていた。また、いちばん小さなトラックは、話し手からは見えないようになっていた。

まずは母親が話し手、子どもが聞き手となった。母親が「糊の上にある小さなトラック」と言ったときに、聞き手である子どもが、大きなトラックでもなく、いちばん小さなトラックでもなく(話し手からは見えないようになっているため)、正解となる中くらいのトラックを注視するまでにどのくらいの時間がかかるかを計測した。その後、母親と子どもは役割を

聞き手に見えるもの　　　話し手に見えるもの

「糊の上にある小さなトラック」と言われてどこを見るか？
（聞き手と話し手は棚をはさんで反対側から見るため左右が逆になっている）

交替して母親が聞き手となり、同様に視線の動きを計測した。

その結果、「糊の上にある小さなトラック」と相手に言われると、子どもも母親も、図にあるいちばん小さなトラックにまず目をやる傾向があることがわかった。話し手からは見えないとわかっていながら、相手の視点を考慮して解釈する前に、自分の視点から見て文字どおりの意味が指す対象として発話を解釈していたということになる。しかし、そこから、話し手の視点を加味した正しい解釈が指すべき対象（中くらいのトラック）に視線が移動するまでの時間は母親のほうが子どもよりも短かった。小さな子どもほど自己中心的な解釈に引っ張られる傾向が強いのに対して、大人は一時的に自分にとって楽な解釈に留まるものの、いち早く相手の視点を取り入れた転換をすることが可能だということになる。

子どもが聞き手として成長する3段階

発話を解釈するのに必要となる心を理解する能力は、年齢に応じて段階的に発達することを第一―二章で述べた。まだその能力が十分に発達していない段階では、大人のような洗練された解釈をすることはできない。たとえば4歳になった息子は、お店に果物が並んでいるのを見ると、よく「レモン食べたい、レモン買って」と言ってくる。しかし息子がねだっているのはレモンではなくてメロンなのである。その間違いに気づいてから、何度となくレモンとメロンの違いについて説明したものの、いまだに直っていない。それで最近では「レモン買って」と言われると「はいはい、レモンね」と言ってメロンを買いものカゴに入れている。

しかし、私が何か言い間違いをしても、息子は「私が本当に言いたかったこと」を推し量ってはくれない。ウルトラマン好きの息子はたくさんのフィギュアを持っているが、その中で私が見た目で区別できるのは、ウルトラマン、ウルトラセブン、ウルトラマンタロウだけである。名前だけはティガ、メビウス、ダイナ、ガイア、コスモスなどなどがあることは学習した。もし床にウルトラマンティガが転がっていて、息子に「そのウルトラマンダイナ片づけてよ」と言ってしまったりすると大変である。「ちがうよー、ママ、これはね……それでこっちはね……あとはこれと……」と始まってしまい、片づけどころではなくなってしまう。

息子も含めて3歳から4歳くらいの子どもには、言い間違いは文字どおり間違いであって、それ以外の何ものでもない。母親は「ティガ」のことを「ダイナ」だと思ったと解釈するのである。「ダイナ」と言ったのはひょっとしてここにある「ティガ」のことかもしれない、などとは決して思わない。言い方を変えれば、私が言ったことは私が思っていることであると疑わず、ことばと合致しない意図を私がもっていたとは考えないのである。

このくらいの年齢の子どもの解釈の仕方を、発話解釈の第1段階とよぶことができる。この段階の聞き手の特徴は、自分自身で納得できる解釈が見つかればそれ以上は追求しないということだ。話し手の意図や知識や嗜好などはほとんど考慮しない。そして話し手は100パーセント良心的で誠実で、自分の信じていることをそのままことばにすると思っている。

発話解釈の第2段階目はおそらく5歳くらいから7歳くらいまでである。この時期には、子どもはまだ十分には話し手の心の状態を考慮することができない。また、話し手はつねに善良で誠実であると思っている。自分をだます意図があるかもしれないとは考えない。それでもこの段階になると、話し手も勘違いすることがあることや、ことばにしたことと伝えようとしていたことが微妙にずれてしまうこともあることに気づき始める。言い換えれば、自分にとって納得できる解釈がひとつ見つかっても、話し手がもしかすると別の解釈を意図していたかもしれないということが理解できるようになるのがこの時期である。

たとえば出かけるときに自分の帽子を探していた子どもに、母親が「ソファーの上にあるわよ」と声をかけたとする。実際にはソファーの上にあるのは母親のカバンで、自分の帽子はテーブルの上に置いてあった場合、複数の解釈が成り立つ。ひとつの解釈は「母親は母親のカバンがソファーの上にあると言った」である。もうひとつの解釈は、「母親は帽子がソファーの上にあると勘違いして言った」ということだろう。さらにもうひとつ、母親はソファーと言ったけれども、テーブルをソファーと言い間違えただけで、本当はテーブルの上に帽子があると言いたかったのだという解釈も成り立つ。5歳から7歳くらいになると、子どもはどの解釈も可能だと思えるようになるのである。

8歳以降になると、子どもは聞き手としてさらに1段階成長するようだ。この段階では、より大人に近い、洗練された解釈ができるようになる。また、話し手はいつも良心的であるとは限らず、意図的に聞き手をあざむくこともあるし、皮肉のように思ったことと言っていることが違う場合もあることがわかるようになる。話し手が良心的で誠実であると思っている第2段階のうちは、うっかり間違ったことを言ったり、あいまいな言い方をしたりといった、話し手の能力不足によるミスが起こりうることまでは理解できるが、意図的なうそを理解することはできない。この第3段階目で初めて、話し手が必ずしも善良、誠実であるとは限らないことを子どもは理解するようである。

この子どもが聞き手として成長する3段階は、個人差ももちろんあるが、平均的には幼稚園の年少・年中組が第1段階、年長組から小学校低学年までが第2段階、小学校中・高学年で第3段階と考えてよいだろう。大人が子どもと一緒にどんな会話をするか、またどんな本を読ませるとよいのかなどを考える目安になるかもしれない。

2　話し手の責任は問える

自分の視点で聞き手を見てしまう

これまでコミュニケーションにおいて聞き手がもつ特徴について見てきた。話し手が聞き手の特徴を知ることは、伝えたいことを聞き手にわかってもらうためにどのように工夫すればよいのかを考えるうえで役に立つ。しかし、じつは聞き手だけでなく、話し手のほうにも限界、習性といったものがある。それらを理解して克服することも、コミュニケーションを成功させるためには同じくらい重要だと言えるだろう。そこでここからは話し手の特徴について考えていくことにしよう。

まず、話し手から見てもあいまいな発話を例に、話し手の特徴をあぶりだしてみたい。

「警官は自転車で逃げた犯人を追いかけた」
（警官が自転車で追いかけたのか、犯人が自転車で逃げたのか）

このような発話は、言い方によってはあいまい性が消えてしまうことがある。たとえば次の①のように区切って言えば警官が自転車に乗っていたと解釈するだろうし、②のように区切って言えば犯人が自転車に乗っていたと解釈することになるだろう。もうひとつの解釈が思いつかないかぎり、聞き手は文そのもののあいまい性には気づきにくくなるはずだ。

①「警官は自転車で　逃げた犯人を　追いかけた」
②「警官は　自転車で逃げた犯人を　追いかけた」

ここで考えたいのは、このようなあいまいな要素のある発話を話し手が使ってしまった場合、話し手は聞き手にわかりやすいような言い方を実際にしているのかどうかということである。話し手はそのつもりでも、聞き手には実際はわかっていないことが少なからずあることを示したおもしろい実験がある。

この実験の参加者は、話し手役か聞き手役のどちらかを演じた。話し手役の参加者は「警官は自転車で逃げた犯人を追いかけた」のようなあいまいな文を声に出して読み、聞き手役の参加者がそれを聞いた。「警官は自転車で逃げた犯人を追いかけた」の文を声に出して読む前に、話し手役はこの文があいまいであることの説明と、(イ)あるいは(ロ)のような、発話解釈に必要な文脈になりうる情報を与えられ、それを黙読することができた。

（イ）「犯人はバイクで逃走したが、運よく警官はそばに自転車があるのに気がついた」
（ロ）「犯人は女性から自転車を無理やり奪った。すぐに警官は車に乗り込んだ」

この実験の目的は、聞き手役が話し手の意図した解釈をどの程度理解できたか、また聞き手役の理解度を話し手がどの程度期待していたかということを調べることであった。聞き手役が実際に話し手役の意図したとおりに解釈できた比率は66パーセントという結果だった。これを高く見るか低く見るかにもよるが、文のあいまい性を認識している話し手は、聞き手には文脈に合った意味だけが伝わるように言い方を工夫しているはずなのに、聞き手の理解度は１００パーセントにはほど遠かったことは示唆的である。その一方、話し手役が予測した聞き手役の理解度はそれよりも有意に高く、76パーセントだった。実際よりも高めに聞き手の理解度を見積もってしまう傾向が話し手にはあることが示されたと言えるだろう。

自分が文脈を知ってしまうと、それを知らない聞き手も自分と同じように理解ができると思ってしまう傾向は、皮肉の理解に関してもあるようだ。皮肉や冗談といった、発話者の意図がことばの意味以外のところにあるような発話の場合、発話者の表情や口調が手がかりとなって意図が理解できることが多いからまだよいが、メールでのやりとりにはそれがないので理解が非常に困難になる。もちろんそのような認識は大勢の人がもっていると思うが、いざ自分がメッセージの送り手となると、つい受け手に皮肉や冗談も伝わると確信してしまいがちだということがわかりつつある。

ひとつの調査では、メッセージの送り手は5つの皮肉なメッセージと5つの文字どおりに解釈できるメッセージを電話とメールで受け手に伝えなければならなかった。予測どおり、受け手はメールよりも電話でのほうが皮肉なメッセージを理解しやすかった。ところが、受け手がどの程度メッセージの意味を理解できるかを送り手に予測させたところ、電話でもメールでも同様に8割近くが理解できるだろうと予測していたことがわかった。つまり、送り手は、メールで皮肉を伝えた相手も、電話で伝えた場合と同じように皮肉を理解できると思ったということだ。同様の傾向が、冗談をメールで伝えた場合にもあったと報告されている。メールのコミュニケーションの危険性を知りつつも、実際に送り手の立場になると相手の理解力を過大評価してしまうことがあるという、重要な警告である。

親しい間であればこそ

私たちは話をするとき、親しい間柄の相手だとつい自分の言ったことをわかるはずだと期待しやすいが、初対面の相手となるとその傾向は出にくい。そのことは実験的にも検証されている。友達関係にある2人が組になり、2組計4名が実験に参加した。2組の参加者どうしはそれまで会ったことはなかった。1組のうち1人が話し手、もう1人が聞き手となった。2人の話し手は、何通りにも解釈が可能な発話を特定の意図で聞き手に伝えるように指示を受けた。聞き手は2人いて、1人は前から知っていた友人で、もう1人はその日初めて会った人だった。何通りにも解釈可能な発話というのは、たとえば、次のような発話である。

「何してたの？」

「何してたの？」は久しぶりに会った友人どうしの会話なら近況を知りたいという意図で使われるが、帰宅時間を大幅に遅れて帰宅した夫や子どもに対して妻や母親が言うときには責める気持ちが加わるだろう。実験に使われた発話例はこれひとつしか挙がっていなかったので、他に似たような例を考えてみたら次のようなものが思い浮かんだ。

「もういいわよ」

「もういいわよ」は、プレゼントを開けたくて待っている子どもに母親が言うときと、満席のレストランの外でしばらく並んでいたカップルの女性が、男性に別のレストランに行く提案をする前に言うとき、それと夫婦げんかの最後に妻が言うときとで、言い方が三者三様でまったく違うはずだ。

実験では、話し手はひとつの表現をそれぞれ異なった意図にふさわしい口調や表情でそれぞれの聞き手に伝えた。そのあと話し手は、伝えようとした意図がどの程度聞き手に理解されたと思うかと尋ねられた。重要なことは、話し手にとって、聞き手のうち1人は親しい友人で、もう1人はその日初めて会った人だったということである。実験の結果、話し手は初めて会った他人よりも、親しい友人のほうが、自分の意図を正しく理解してくれたと判断する傾向にあるということが明らかになった。実際に正しく理解できた割合は、友人も初めて会った人もほぼ変わらなかった。つまり、親しい友人の理解力を過大評価したことになる。

コミュニケーションにおいて、話し手は聞き手が自分と背景知識や常識をある程度共有していることを期待する。むしろ、それを前提として発話をすることが多い。ここで紹介した研究によると、話し手が聞き手と親しい間柄であればあるほど、発話解釈に必要な文脈を理解できることを相手に期待するようである。ありとあらゆる文脈の中から、相手が自分の意図した文脈を選択することが期待できるのは、背景知識や常識だけでなく、互いの価値観や感情なども共有できているという期待(あるいは確信)があるからかもしれない。

しかしその期待や確信はもろ刃の剣である。相手が互いにわかり合えるかけがえのない人であるという期待や確信は社会生活を充実したものにするに違いない。だが期待に反してコミュニケーションが失敗したときの落胆や失望は、そもそもそんな期待がない中で失敗したときよりもはるかに大きいはずだ。その落胆や失望を引きずることなく、コミュニケーションの失敗をその後のよりよい関係づくりに生かすために、話し手としての自分の限界を知っておくことは大切である。

話し手の限界は、聞き手に対する過大評価だけではない。聞き手と話し手である自分が、共有している情報が多ければ多いほど、話し手は相手の視点ではなく自分の視点で発話をすることもわかっている。聞き手と自分があまり情報を共有していない場合には、相手の考えていること、知っていることを考慮して発話するのに、多くの情報を共有している相手だと、相手のことをあまり考えないで話をする傾向があるということだ。もちろん、それでうまくいく場合もあるだろう。しかし相手と自分があたかも100パーセント情報を共有しているかのような錯覚に陥ることはやはり危険だ。相手が知らないことを知っていると思い込んでいたために、誤解が起こる可能性があるからだ。しかも思い込みが強いために、そのことに気づかない危険もある。たくさんの情報を共有していると思う相手とのコミュニケーションこそ、意識的に振り返ってみる機会をもつことが必要なのかもしれない。

話し手はみんな素人

皮肉や冗談はメールよりも電話のほうが聞き手に理解されやすい。それは、電話なら実際に話し手の声を聞くことができるからだ。声が伝える情報は非常に多い。うれしそうな声、悲しそうな声、自信のなさそうな声、賞賛に満ちた声、見下げたりバカにしたりする声など、声の調子は感情や態度といった、さまざまな話し手の心のもちようを聞き手に伝えることができる。話し方を速めたり遅めたり、間をおいたりすることで、発話のどこを強調したいのかが伝わることもある。文字にするとあいまいな発話も、その口調であいまいさがなくなる場合もある。このように声の調子は、聞き手が発話を解釈するときの重要な手がかりである。しかしじつは、対面コミュニケーションや電話の会話で、話し手がいつも効果的に声を使って解釈の手がかりを与えているとは限らないこともわかってきた。

私が最初にその可能性に気づかされたのは個人的な経験からだった。皮肉が声で伝わるときの解釈について調査したいと思った私は、自分自身の声で皮肉と皮肉ではないセリフを録音して大学生に聞いてもらった。しかし、期待したような結果がうまく出なかった。私自身は皮肉を言っていたつもりだったのだが、どうやら大学生には皮肉に聞こえなかったらしい。

そこでプロの声優さんにお願いして同じセリフを録音させてもらい、そちらをあらためて大学生に聞いてもらった。そうすると今度ははっきりと皮肉と皮肉でないセリフが区別されたのである。プロと素人の差と言ってしまえばそれまでだが、皮肉を声で伝えることがじつはかなり難しいということを初めて認識させられたという点で、印象に残っている。

それまでは、皮肉だけでなく、あらゆる発話において、音声的特徴は聞き手にとって手がかりになるはずだと確信していたのだが、このことがあってから、もしかすると聞き手から見ると、話し手は手がかりにはとてもならないような話し方をしていることが多いのかもしれないと考えるようになった。

発話がいくつかの意味に解釈できるあいまい性をもつとき、話し手がどこでポーズをおくかなどの音声的な手がかりがあると、聞き手は解釈をひとつに絞ることが容易になると言われている。ただ、先に紹介した話し手役と聞き手役が登場する実験では、話し手が読み方に気をつけたつもりでも、聞き手の解釈がそれによって必ず容易になるというわけでもないことがわかっている。ある実験では、話し手役は次のようなあいまい文を聞き手役に向かって声に出して読んだ。話し手役に大学生とプロとの2タイプが選ばれたところが特徴である。

「かわいらしい白い猫を抱いた女の子がいた」
（かわいらしい白い猫なのか、かわいらしい女の子なのか）

初めは大学生もプロも、どちらの意味かわかるような工夫をした読み方はしなかったそうだ。しかし、どちらの意味で使われているか聞き手にわかるように読むようにと言われると、プロはそのように読み方を変えることができたが、大学生はそうしたくてもできなかったという。つまり、話し手自身は手がかりになるようにと意識的に声を使っているのに、それが聞き手には効果がない場合があることが示されたのである。

じつは話し手が、あいまいな文を相手のためにわかりやすいように意識して伝えるということ自体を懐疑的にとらえる見方もある。聞き手がいようといまいと、私たちがあいまい文を声に出して読む読み方は同じであることがわかったのである。もちろん話し手が聞き手に合わせてものの言い方を調整することを否定するものではない。ただ、もしかすると聞き手のためというよりも、話し手自身が自分の言っていることや考えていることを明確に把握するために、言い方を調整している可能性もあるということが示されたのである。

自分自身が何を言おうとしているか、何を考えているかをはっきりとつかんでいる話し手が自分に納得できる話し方をすると、それは聞き手にも伝わりやすいということになるのかもしれない。そのような話し手は、自分自身が話し手としてうまく話をしているかどうかをチェックする自己モニタリングにも長《た》けているのではないだろうか。

実際の聞き手と頭に描いた聞き手のモデルは違う

これまで話し手の習性や限界について考えてきた。どうやら私たちは、自分がメッセージの送り手になると、相手がその意味を自分の意図したとおりに理解してくれると思いがちなようだ。相手を過大評価しているということになる。その一方で、発話にこめた情報(言語の意味、構造、イントネーション、表情など)は、自分が意図した解釈を聞き手が導き出すために十分であると思う傾向もあるようだ。つまり、自分を過大評価しているというわけだ。そしてこれらの傾向は、聞き手が親しい間柄の人間であればあるほど強くなる。時間のプレッシャーがあるときや、疲れているときはなおさらだ。

もちろん、この章の冒頭でふれたように、話し手は、聞き手の知識や興味、感情などを考慮して何をいつどのように言うかを考える能力ももっている。ただし、話し手にとっても頭の中の処理資源は限られていることから、意図せずにわかりにくい言い方をしてしまったり、相手のおかれた状況を考慮せずに話を続けてしまったりすることも少なくないということだ。一生懸命聞き手の気持ちになって話しても、自分の推測が外れてしまうということもあるだろう。結局、聞き手の心の中にあることは見えない。だから、話し手のできることは目の前にいる聞き手の心中を頭の中に描いて、それをもとに発話をすることだ。

ただし頭の中に描いているのは自分で作り上げた聞き手のモデルであって、実際に目の前にいる聞き手と同じではない。頭の中にいる聞き手のモデルと、実際の聞き手が同じではないことを意識するのとしないのとでは大違いである。聞き手が初対面の人だったり、外国人だったりすると、相手のことがよくわからないから頭の中にはその人のモデルを描くことは難しい。その場の状況から「相手は女性と男性」「おそらく夫婦」「フランス語を話しているからフランス人」「日本語は片言」「おそらく旅行者」などといった情報が得られても、聞き手のモデルとしては不完全なものしか頭に描けない。そういうときには当然、目の前の聞き手と頭の中の聞き手のモデルが同じだとは思えないし、相手が自分の言ったことを意図したとおりに理解してくれるという自信ももちにくいだろう。おそらく、聞き手のモデルが不完全だったり、ぼやけていたりする場合のほうが、話の途中で聞き手に関して新たな情報が入ってきたときにそれに気づき、モデルを修正することが容易なのかもしれない。

自分と親しい間柄の人や、自分が相手のことをよく知っていると思っている人が聞き手である場合は、話し手が聞き手のモデルを頭の中にかなりはっきりと、しかもおそらく自分本位に描いている可能性がある。はっきりした聞き手のモデルをいったん描いてしまうと、それを修正するのは容易ではない。問題は、親しい相手が聞き手である場合、実際よりも多くの情報を自分と相手が共有していると思ってしまう傾向が私たちにあることだ。その結果、聞き手のモデルは話し手自身とよく似たものになり、話し手は自分の視点を相手の視点であるかのように使って話をすることになる。

話し手も自分の処理資源を節約する傾向があって、できるだけ少ない労力で聞き手のモデルを作ろうとするのだとしたら、そのモデルを絶対視するのは危険である。電話の向こうにいる、あるいはメールの電子回線の先にいる相手が、今自分が頭に描いている相手とは違うということを少し意識してみることが大切だ。自分がどのような聞き手モデルを描いて相手に話をしているかを意識することで、モデルの修正はしやすくなる。それがその後、同じ聞き手とのコミュニケーションを改善するばかりでなく、対人コミュニケーション全般を改善していくことにつながるのではないだろうか。

デフォルトの聞き手モデルは自分

どのような聞き手のモデルが話し手にとって作りやすいのかは、個人差ももちろんあるだろうが、相手と共有する情報が多い場合には、自分とよく似たデフォルトモデルを作る可能性が高いと考えられている。親しい間柄の相手の場合も同様であろう。

デフォルトとよばれるものは、使い勝手がよい、つまり処理資源をあまり費やさず、いつでもほどほどの役に立つオプションである。話し手が自分とよく似た聞き手モデルを作るのは、処理資源はあまりかからず、それでいて、相手が自分とまったく違うということはあまりないところが、ほどほどに役に立つからだろう。子どもが作る聞き手モデルも、おそらく自分によく似たものと考えられる。

このデフォルトの聞き手モデルがほどほどの役に立つのは、それが話し手の文化やステレオタイプに関する知識に制約されているためでもあるだろう。聞き手が話し手と同じ文化を共有している場合は、話し手が思い浮かべたデフォルトの聞き手モデルの特徴を、実際の聞き手がもちあわせている可能性が高い。これまで個人的に話したことのない人と初めて話すときでも、私たちは相手の年齢や性別、職業、好みなどがわかればステレオタイプにあてはめて相手のデフォルトモデルを作ることができる。会話が続いていく中でそれは修正されるのだが、出発点としてデフォルトモデルは不可欠だ。

メールでのコミュニケーションで、相手に関する情報が少ないときには、デフォルトとしてステレオタイプ的な情報が聞き手のモデルを作るのに使われることが多いことも実験によって明らかになっている。同じ人が相手でも、目の前にその本人がいる状況で話を聞いていると、そのひと個人のことがより意識にのぼりやすくなるのに対して、本人が直接確認できないメールの場合は、個人的な情報よりもステレオタイプ的な情報を相手にあてはめる度合いが高まるというのはおもしろい発見だ。メールは大変便利だが、この点でもメールには誤解したりされたりする要素が多いということになるだろう。

3 コミュニケーションの消費者心理学

聞き手に処理資源を使ってもらうには

聞き手が話し手の伝えようとしていることに気づき、そちらに注意を向け、話の内容を理解しようとするプロセスには処理資源が必要だ。そしてひとつの情報を処理している間は、別の情報を処理することはできないと考えられる。そのため、もともと節約志向である聞き手が情報処理に際して何よりも効率を求めることは先にふれたとおりである。自分の処理資源が効率よく使われるように処理する情報を選び、実際に処理する段階では資源を浪費せずに情報を解釈しようとする。

その一方で、普段は節約志向の聞き手が、処理資源をそれほど惜しまずに、話し手が伝えようとしていることを理解しようとする場合もある。第五章で紹介したチャンスと大統領の会話を思い出してほしい。経済成長についての意見を尋ねた大統領に対して、チャンスは植物の成長の話をした。大統領はそれをどう解釈すべきかわからなかった。このとき、大統領は処理労力を浪費することになるかもしれないと判断して、解釈をやめてしまってもよかったのである。しかし大統領はそうせず、しばらく考えた末、植物の成長の話を経済成長のたとえ話として解釈した。節約どころか通常以上の労力を投資してまで、大統領が何とかチャンスの意図を理解しようとしたのはなぜだろうか。どのような話し手のときに節約志向の聞き手がさらなる処理労力を投資してでも話を聞こうとするのかを、少し考えてみたい。

信頼できる相手なら

大統領が初対面のチャンスの言ったことを理解するために処理労力を惜しまず費やした最大の理由は、すでに大統領がチャンスに一目置いていたからだと考えられる。大統領は友人でもあり経済界の実力者であったベンから、ベンの特別な友人としてチャンスを紹介される。信頼するベンの特別な友人ともなれば、チャンスの人物像への期待は高まるだろう。チャンスの話は聞く価値のあるものであるはずだという確信に近い期待をもって、大統領は問いかけをし、チャンスの返答を待っていたと考えられる。

つまり大統領は、チャンスの言うことは、高い認知効果をもたらすだろうという期待をもっていたことになる。発話が高い認知効果をもたらすだろうという期待があると、聞き手は自分から処理資源を使おうとする。高い見返りを期待して高額の投資をするのと同じである。発話が高い認知効果をもたらしてくれるだろうという期待が生まれるのにはいくつかの理由が考えられる。そのひとつが、情報源となる話し手の信頼性だ。それまで大統領と会ったこともない、これといった肩書もないチャンスの場合は、ベンの存在が大統領の信頼を勝ちうるのに不可欠であった。自分が強く信頼しているベンがチャンスを評価しているということが、大統領が初対面でもチャンスを信頼するように仕向けたのである。まだ相手がどんな人かわからないときに、自分がすでに信頼している人物がその人を高く評価しているという事実は大きな手がかりとなりうる。

処理資源をどの情報にどの程度使うかということは、無意識のうちに決まると考えられている。同じことが、これから何かを買おうとしている消費者にもあてはまる。できるだけ使う金額は抑えて、良いものを手に入れたいと思うのが典型的な消費者だろう。ある会社の製品を買ってみたら満足できたという体験を何度かすると、その後しばらくはその会社の製品を抵抗なく買うようになることがある。その会社や製品への信頼が生まれたということだ。私はもう十年以上同じ店で髪を切ってもらっているが、それもそこへ行けば満足のゆく結果が得られるという確信があるからだ。

ただ、商品が自分の期待に応えてくれるものかどうかまだわからない段階で、買うかどうかを決めなければならない場合もある。そのようなときは、すでにその商品を購入して評価している人の意見は参考になる。いわゆる口コミだ。とくに、その口コミが自分の信頼する、あるいは好感をもっている人間から出たものだとすると、影響力が大きくなる。芸能人の口コミが高い宣伝効果をもつのはそのためだろう。身近な友人の意見を参考にする人も多い。

また、本の帯に各界の著名人の好意的なコメントが載っていることがある。そうしたコメントは、まだ中身を読まないうちにこの本を読みたいと買い手に思わせる効果があるのだろう。大統領がチャンスの言ったことをどう解釈するか悩んだときにも、無意識のうちにベンがチャンスを高く評価しているという記憶がよび起こされ、高い認知効果を期待することにつながったと考えることができる。

ただし、他人が作り出した信頼性というのは、中身がともなわない場合、すぐにくずれてしまう。まだ行ったことのないレストランに口コミに引かれて一度は行ったとしても、自分が満足できなかったとしたら再度行くことはないだろう。信頼される話し手は、聞き手の処理労力に値する認知効果を与える情報を提供し続けることのできる人物と言えるだろう。

わかりやすさは信頼性につながる

信頼される話し手というのは、また話が聞きたい、もっと聞きたいと思わせるような話し手である。話し手が情報源として信頼される理由はひとつではない。たとえば確かな知識があるとか、うそはつかないなどと言ったことも理由になる。話し手が確かな知識をもっていることや、うそをつかないことが、聞き手の認知効果につながるからである。

聞き手が基本的に節約志向であることを考えると、いつも過度な処理資源を要求する話し手は好まれない。どうしてもその話し手から話を聞かなければならない場合を除いては、わかりにくい話を自分から聞こうとする聞き手はあまりいないだろう。個人差ももちろんあるが、同じ内容ならば少ない処理労力で認知効果があるほうが聞き手としては好ましい。

認知効果が得られるとき、私たちは「わかった！」という体験をする。この「わかった！」感は重要だ。「わかった！」感は、聞き手に満足感を与える。たとえば病院の外来患者の満足度を測った調査によると、患者の総合満足度は医師の説明がわかりやすかったかどうかで決まるそうだ。聞き手に「わかった！」という感覚を与えることのできる話し手は、また聞きたい、もっと聞きたいと聞き手に思わせることができるだろう。逆に「わからない」「わかりにくい」という経験は、聞き手に不安や焦燥感をもたらす。不安や焦燥感を与える対象は回避したくなるのが自然だ。しばらく話を聞いてもこの「わかった！」感があまり得られないと、聞き手の注意はどこかほかのところに向いてしまう可能性が高い。

あの人の言うことはわかりやすい、おもしろい、納得できる、あるいは自分のためになるといった印象を聞き手がもてば、その後もその聞き手はその人の発話を解釈するのに処理資源を使ってもよいという気になるはずだ。難しい内容の話でも、わかりやすく話してもらったおかげで「わかった！」と思えた場合は、聞き手はとくに高い満足感を得るかもしれない。池上彰さんのようにその道のプロとして活躍しておられる方は、どうすれば難しい話でもわかりやすく伝えることができるかをよくご存知だ。そのために必要な能力を備えていることに加え、研鑽《けんさん》も積まれていることだろう。しかし素人の話し手である私たちは、この章でも見てきたように、とかく自分の話し方を過信したり、相手の理解力を過大評価したりする傾向がある。一足飛びにわかりやすい話し方を身につけることは無理な相談だろう。

私たちのほとんどは、素人の話し手として一生を過ごすことになるかもしれない。そんな私たちが「もっと聞きたい」と聞き手に思ってもらうためにできることはなんだろうか。ひとつは、どんな聞き手でも、自分の処理労力が少なくて済むことを好むということを肝に銘じることだ。まずは自分の話を聞いてくれる相手に、余計な認知的負荷をかけていないかを意識することが肝心だ。これは聞き手の能力や状態を推測し、それに合わせて判断しなくてはならない。わかりやすさばかりを追求しても、認知効果がなければ聞き手の注意が他へ行ってしまうこともあるので注意が必要だ。

わかりやすい話し方の方法というと、難しいことばやあいまいな表現は使わないとか、長い文や複雑な文を用いないなど、どのような言語表現を選べばよいかについてのアドバイスをよく耳にする。しかしここではむしろことばにならない部分、すなわち文脈について注意を喚起したい。

第四章で見たように、話の前提となっている文脈(ウラ前提)を聞き手が容易に思い浮かべることができれば、会話で使われた表現のあいまい性も自然と除かれる。つまり、使われた表現にかかわらず、文脈がわかれば発話がわかりやすくなるのである。反対に文脈がわからないまま解釈しようとすると、ことばの解釈が複数あることが多いだけに、簡単なことばでも聞き手にとっては解釈が難しくなる。「あの話、どうなった？」と言われても何のことだかわからないということが起こるのだ。そのため、聞き手が発話の解釈に必要な文脈を知識としてもっているかどうか、また知識としてもっていても今すぐに思い出せるかどうかをモニターすることは重要だ。とくに相手の顔も見えず声も聞こえないメールのやりとりでは、文脈のすりあわせは不可欠と言えるだろう。

聞き手が子どもだったり外国人だったり初対面の相手の場合は、文脈を共有していないことが前提となるために、文脈の部分もことばにして説明することが自然にできる。逆に家族や親しい友人が相手だと、この章で見てきたように、文脈を共有していることを前提に話してしまうことが多い。しかも、共有しているだけでなく、すぐ思い出してもらえるという期待をしてしまうことがほとんどだろう。誤解が生まれる原因は多くの場合、話し手が意図した文脈を聞き手が見つけられなかったことにあると考えられる。岡本真一郎氏が引用している次の例もそれを示している。

「首相を知らない大学生がいるなんて信じられない」といったのを、クラブの主将と取り違えた。自分はクラブのことを考えていたから。

（岡本真一郎『言語の社会心理学』134頁）

聞き手に伝えたいことを正しく理解してもらうことを目指すなら、話し手は聞き手が解釈に必要な文脈（ウラ前提）をきちんと見つけられそうか、見つけられたかを確認することが必要だ。冗談や皮肉を言う場合には、文脈がわからないと相手に通じないことを話し手は意識しやすいだろう。しかし第四章で見たように、日常的な会話にも文脈の理解は不可欠である。親しい人との何気ない会話の中で、聞き手の文脈理解をモニターすることを心がけてみるとよいかもしれない。

興味と共感は聞き手のかまえを作る

誰でも自分の好きなことや興味のあることには進んで時間やお金を使う。使い道を決めるのは節約だけではない。同様に、自分の好きなものや興味のあることに関する情報を得るためには、聞き手は進んで処理労力を使うと考えられそうだ。わかりやすさは節約志向の聞き手には大事なポイントだが、報酬として得られる認知効果の大きさという点では、聞き手の好みや興味に合わせて情報提供できる話し手は、聞き手にとっては「もっと聞きたい」話し手だろう。

聞き手の興味や関心のツボを知り、それにはまるような話題を選ぶには、話し手はまず聞き手の心を正しく理解しておく必要がある。聞き手の心の理解は、じつは情報提供する側にはつねになくてはならないものである。注意が他に向いていたり、早く切り上げたいと思っていたりする聞き手に耳を傾けてもらおうと思ったら、話し手は相手に耳を傾けてもらえるだけの理由を作り出さなければならない。そのために相手を知ることは不可欠だ。遊びに夢中になっている息子は、名前をよんでも振り向かないのに「アイスクリーム」や「ウルトラマン」ということばをもちだすとこちらに顔を向けることがあった。そういったことばは、3歳の息子のツボにはまったのだろう。セールストークが相手の興味を引きそうな世間話から始まるのも、それによって相手側に話を聞こうとする心理的なかまえができあがると考えられるからだろう。

もちろん実際には相手の好みや興味にぴったり合わないことを伝えなければならないときも多い。そのような場合でも、これから伝えることが相手にとってどのように役に立つのか、意味があるのかをまずわかってもらえると、それが相手の興味を引き、話を聞こうとするかまえにつながる可能性が高くなると思われる。教育工学者のジョン・M・ケラーは、学習者の意欲を高めるには、教育者はまず注意を引きつけ、その次に「これは学習すると役立ちそうだな」と思うように仕向けることが大事だと言っている。これは聞き手の意欲を高めるのにもあてはまるだろう。

しかし、聞き手が相手の話を聞こうとするきっかけとなるのは、決して自分自身の興味だけではない。聞き手のかまえは、話し手との関係性によっても変わる可能性が高いのである。中でも重要なのは、聞き手にとって話し手が共感できる相手かどうかということだろう。第五章で見たように、人間はごく自然に共感を求め、誰かと共感できるという認識は満足感につながる。その満足感は共感する相手に対する好感や期待を生み、その相手の話には進んで耳を傾けようとするかまえを作り出すと考えられる。

相手との関係性から得られる満足感は、相手が自分の話を聞いてくれたという体験からも得ることができる。先に外来患者の満足度は医師の説明のわかりやすさで決まると書いたが、それと合わせて、患者の話を医師が聞いてくれたかどうかということも総合満足度を決定する要因となっているそうだ。自分が受けた好意や報酬を相手に返そうとするのは人間のもつ社会的な習性のひとつと考えられている。自分が話を聞いてもらって満足すると、相手の話も聞こうとするというのは、この習性が働いているからなのかもしれない。

よく聞くこと、よく話すこと――本書のまとめとして

コミュニケーションにおいて、聞き手の側が話し手の意図を推測し、文脈（ウラ前提）を選択し、ことばのオモテとウラを理解し、話し手が伝えたかったこと（ウラ結論）を導き出すという作業が不可欠であることは、第五章までで説明してきたとおりである。情報を得ることを報酬ととらえる聞き手は、自分の処理資源を投資してこのように複雑な情報処理をするのである。ただし、聞き手は節約志向である。発話解釈にかかる処理資源の無駄遣いを極力避けようとする。私たち人間は、注意を向けて処理を始めた情報が、最小限の資源の代償とし

て報酬(認知効果)をもたらすことを期待する。これが情報の関連性への期待である。この期待は、情報を取捨選択して処理することが必要な人間が進化的な適応として身につけた生物的な方略であると考えることができる。

ただし、大人のように文脈を選択し、ことばのウラ、あるいはウラのウラを読む能力は時間をかけて発達する。第一章と第二章では子どもが聞き手として成長する様子を見てきた。3歳から9歳くらいまでの間に、子どもの会話力が大きな変化を遂げることをわかっていただけたかと思う。聞き手としての3歳児は、まだ相手の意図がつかめず、文脈の選択もうまくできないことが多いため、自己中心的な理解にとどまる場合が多い。話し手としても、相手にはわからないかもしれないとは決して思わず、あいまいな表現を使い続けることもある。4歳くらいまでの子どもどうしの会話がひとりごとの繰り返しのように聞こえるのはそのためだ。相手の考えていることが少しずつわかるようになるのは5歳ごろで、相手が感じていることや考えていることと、ことばそのものが伝えることが別のものであることがわかるようになるのは8歳くらいからだ。この間にだんだん会話らしい会話ができるようになる。この発達段階は文化普遍的なものだろうと推測している。

相手が感じていることや考えていることと、ことばそのものが伝えることが別のものととらえることが困難であるために、コミュニケーションに苦労するという点は第三章で見た語用障害にも通じる。3歳児が互いにひとりごとのような会話をしていても、そのことについて深く悩むことはほぼありえないのに対して、語用障害をもつ大人や学童期以上の子どもは、会話を通してわかり合えないことが苦痛になることも少なくない。手記を読むと、語用障害をもった人たちは、もたない人たちよりもコミュニケーションのことを深く理解している面があることがわかる。これからはむしろ障害をもたない人たちが、コミュニケーションについての理解を深め、語用障害をもうひとつのコミュニケーションスタイルとして受け止めることができるようにすることが大切ではないだろうか。

3歳児も話し手について鋭い観察力をもっていて、知識のなさそうな人が言っていることは学習しない（信じない）という選択をしていることも重要だ。聞き手としてもてる力を発揮しているのだ。母親が絵本の読み聞かせをすると喜んで聞く時期でもある。このころに、相手の話を聞く姿勢が生まれてくると言ってもよいだろう。重要なことは、対人コミュニケーションにおいて、ことばは声や表情や体の動きとともに伝えられるということだ。それらすべてを「聞く」という経験の積み重ねが、のちに聞き手としての姿勢を作る基盤となると考えている。3歳児が自信のありそうな人となさそうな人を見分けるのに使えた手がかりは、母親が会話でよく使っている「よ」「かな」といった文末助詞だったり、上昇調や下降調のイントネーションだった。会話の聞く力が育っている証拠と言えるだろう。そして3歳児の聞く力のもとになっているのが、乳幼児期の母子のやりとりである点も重要だ。

子どもが乳幼児期に当たり前のコミュニケーションを周囲の大人や友達と日常的にしてい

れば、相手の話を聞く力は発達段階を経て自然に伸びるはずである。その意味で、本来私たちの聞き手としてのコミュニケーション力にはおそらく個人差はそれほどないと思われる。もしあるとすれば、乳幼児期から学童期に聞き手としての姿勢を育む機会が何らかの理由で奪われてしまった可能性はないか、探るべきである。

一方、この章で見てきたように、私たちはおそらく話し手としては永久に素人である可能性がある。聞き手のコミュニケーション力とは対照的に、話し手としてのコミュニケーション力には、大きな個人差もある。大半の人は、お笑い芸人の冗談を楽しむことは好きでも、自分がお笑い芸人やトークショーの司会になりたいとは思わないだろう。聞く力と違って、話す力は、得意不得意の差が出てくる領域である。ただその反面、学習、訓練がものを言う領域でもある。そう考えると、日常会話であれば、コミュニケーションがうまくいかないことがあっても落ち込む必要はあまりない。素人らしく、相手にうまく伝わらないこともあって当然というスタンスで、ただ失敗から学ぶことを忘れずに、コミュニケーションに臨めばよいと思う。子どもをお手本にすることはここでも効果的かもしれない。

参考文献

第1章

ジャン・ピアジェ（一九五四）『臨床児童心理学 第1（児童の自己中心性）』同文書院

松井智子（二〇一一）「子どもの「ミス・コミュニケーション」と心の理論の発達」、岡本真一郎編『ミス・コミュニケーション――なぜ生ずるか どう防ぐか』ナカニシヤ出版、41－64

Cameron, C. A. & K. Lee（1997）The development of children's telephone communication. *Journal of Applied Developmental Psychology* 18, 55-70.

Fitneva, S. A. & T. Matsui（Eds.）（2009）*Evidentiality: A Window into Language and Cognitive Development: New Directions for Child and Adolescent Development* 125. San Francisco: Jossey-Bass.

Matsui, T., Y. Miura & P. McCagg（2006）Young children's implicit and explicit understanding of speaker knowledge. *Proceedings of the 28th Annual Cognitive Science Society*, 1789-1794.

Matsui, T., T. Yamamoto & P. McCagg（2006）On the role of language in children's early understanding of others as epistemic beings. *Cognitive Development* 21, 158-173.

Miura, Y. & T. Matsui（2010）Cross-linguistic difference in children's sensitivity to speaker certainty expressed in utterances: evidence from corpus and experimental data. 言語科学会第12回年次国際大会

Nadig, A. S. & J. C. Sedivy（2002）Evidence of perspective-taking constraints in children's on-line reference resolution. *Psychological Science* 13, 329-336.

Plumert, J. M.（1996）Young children's ability to detect ambiguity in descriptions of location. *Cognitive Development* 11, 375-396.

Plumert, J. M., K. Ewert & S. J. Spear（1995）The early development of children's communication about nested spatial relations. *Child Development* 66, 959-969.

Sodian. B.（1988）Children's attribution of knowledge to the listener in a referential communication task. *Child Development*, 59, 378-385.

第一一章

子安増生（二〇〇〇）『心の理論——心を読む心の科学』（岩波科学ライブラリー）岩波書店

ノーム・チョムスキー（二〇〇三／二〇一一）『生成文法の企て』（岩波現代文庫）岩波書店

Astington, J. W. & J. A. Baird（Eds.）（2005）*Why Language Matters for Theory of Mind*. New York: Oxford University Press.

Broomfield, K. A., E. J. Robinson & W. P. Robinson（2002）Children's understanding about white lies. *British Journal of Developmental Psychology* 20, 47-65.

Demorest, A., C. Meyer, E. Phelps, H. Gardner & E. Winner（1984）. Words speak louder than actions: Understanding deliberately false remarks. *Child Development* 55, 1527-1534.

de Villiers, J.（2007）The interface of language and theory of mind. *Lingua* 117, 1858-1878.

Flavell, J. H., E. R. Flavell & F. L. Green（1983）Development of the appearance-reality distinction. *Cognitive Psychology* 15, 95-120.

Kidd, C., H. Palmeli & R. N. Aslin（2013）Rational snacking: Young children's decision-making on the marshmallow task is moderated by beliefs about environmental reliability. *Cognition* 126, 109-114.

Mischel, W., Y. Shoda, M. I. Rodrigues（1989）Delay of gratification in children. *Science* 244, 933-938.

Perner, J.（1991）*Understanding the Representational Mind*. Cambridge, MA: MIT Press.

Perner, J., S. R. Leekam & H. Wimmer（1987）Three-year-olds' difficulty with false belief: The case for a conceptual deficit. *British Journal of Developmental Psychology* 5, 125-137.

Repacholi, B. M. & A. Gopnik（1997）Early reasoning about desires: Evidence from 14- and 18-month-olds. *Developmental Psychology* 33, 12-21.

Russell, J., S. Hala & E. Hill（2003）The automated windows task: The performance of preschool children, children with autism, and children with moderate learning difficulties. *Cognitive Development* 18, 111-137.

Russell, J., N. Mauthner, S. Sharpe & T. Tidswell（1991）The 'windows task' as a measure of strategic deception in preschoolers and autistic subjects. *British Journal of Developmental Psychology* 9, 331-349.

Wellman, H. M.（1990）*The Child's Theory of Mind*. Cambridge, MA: MIT Press.

Wellman, H. M., D. Cross & J. Watson（2001）Meta-analysis of theory-of-mind development: The truth about false belief. *Child Development* 72, 655-684.

Wimmer, H. & J. Perner（1983）Beliefs about beliefs: Representation and constraining function of wrong beliefs in young children's understanding of deception. *Cognition* 13, 103-128.

Winner, E. & S. Leekam（1991）Distinguishing irony from deception: Understanding the speaker's second-order intention. *British Journal of Developmental Psychology* 9, 257-270.

第三章

大井学（二〇〇六）「高機能広汎性発達障害にともなう語用障害——特徴、背景、支援」『コミュニケーション障害学』23－2、87－104

橋本亜井、松井智子、東條吉邦（二〇〇九）「自閉症スペクトラム児における言語使用の特徴——母子会話の観察から」日本発達心理学会第20回大会論文集、130

三浦優生、松井智子、東條吉邦（二〇〇九）「自閉症スペクトラム児によるプロソディ理解の検証」第20回日本発達心理学会大会論文集、330
綿巻徹（一九九七）「事例　自閉症児における共感獲得表現助詞「ね」の使用の欠如」『発達障害研究』19－2、146－157
Happé, F. G.（1994）An advanced test of theory of mind: Understanding of story characters' thoughts and feelings by able autistic, mentally handicapped, and normal children and adults. *Journal of Autism and Developmental Disorders* 24, 129-154.
Martin, I. & S. McDonald（2004）An exploration of causes of non-literal language problems in individuals with Asperger Syndrome. *Journal of Autism and Developmental Disorders* 34, 311-328.
Miura, Y., T. Matsui, Y. Tojo & H. Osanai（2008）Understanding of speaker certainty by children with autism: based on prosodic and lexical cues. The XI International Association for the Study of Child Language Conference. Edinburgh, July.
Paul, R., A. Augustyn, A. Klin & F. R. Volkmar（2005）Perception and production of prosody by speakers with autism spectrum disorders. *Journal of Autism and Developmental Disorders* 35, 205-220.
Perkins, M.（2007）*Pragmatic Impairment*. Cambridge: Cambridge University Press.

第四章

入江敦彦（二〇〇七）『イケズの構造』（新潮文庫）新潮社
瀬戸賢一他（二〇〇五）『味ことばの世界』海鳴社
田崎真也（二〇一〇）『言葉にして伝える技術――ソムリエの表現力』（祥伝社新書）祥伝社
中村太戲留（二〇〇九）「隠喩的表現において〝面白さ〟を感じるメカニズム」『心理学研究』80－1、1－8

Bransford, J. D. & M. K. Johnson（1972）Contextual prerequisites for understanding: Some investigations of comprehension and recall. *Journal of Verbal Learning and Verbal Behavior* 11, 717-726.

Nakamura, T., T. Matsui, A. Utsumi, M. Yamazaki, K. Makita, H. C. Tanabe & N. Sadato（2012）The role of the amygdala in the process of humor appreciation. *Proceedings of the Annual Meeting of the Cognitive Science Society*, 797-802.

Okamoto, S.（2007）An analysis of the usage of Japanese *hiniku*: Based on the communicative insincerity theory of irony. *Journal of Pragmatics* 39, 1143-1169.

Utsumi, A.（2000）Verbal irony as implicit display of ironic environment: Distinguishing ironic utterances from nonirony. *Journal of Pragmatics* 32, 1777-1806.

第五章

今井邦彦（二〇〇一）『語用論への招待』大修館書店

今井邦彦、西山佑司（二〇一二）『ことばの意味とはなんだろう――意味論と語用論の役割』岩波書店

ディアドリ・ウィルスン、ティム・ウォートン（二〇〇九）『最新語用論入門12章』大修館書店

内田聖二（二〇一一）『語用論の射程――語から談話・テクストへ』研究社

ロビン・カーストン（二〇〇八）『思考と発話――明示的伝達の語用論』研究社

D・スペルベル、D・ウイルソン（一九九九）『関連性理論――伝達と認知（第2版）』研究社出版

武内道子、佐藤裕美編（二〇一一）『発話と文のモダリティ――対照研究の視点から』（神奈川大学言語学研究叢書）ひつじ書房

東森勲、吉村あき子（二〇〇三）『関連性理論の新展開――認知とコミュニケーション』研究社

Matsui, T.（2000）*Bridging and Relevance*. Amsterdam: John Benjamins.

第六章

池上彰（二〇〇七）『伝える力――「話す」「書く」「聞く」能力が仕事を変える！』（ＰＨＰビジネス新書）ＰＨＰ研究所

岡本真一郎（二〇一〇）『ことばの社会心理学（第4版）』ナカニシヤ出版

岡本真一郎（二〇一三）『言語の社会心理学――伝えたいことは伝わるのか』（中公新書）中央公論新社

Ｊ・Ｍ・ケラー（二〇一〇）『学習意欲をデザインする――ＡＲＣＳモデルによるインストラクショナルデザイン』北大路書房

中村太戯留、松井智子、内海彰（二〇一一）「アイロニー判断課題における俳優音声と非俳優音声の差の検討」日本心理学会第75回大会発表論文集、639

松井智子（二〇一一）「言語研究とコミュニケーション教育――認知語用論からの提言」『日本語学』30―1、25―39、明治書院

Medtools（二〇一一）『レジデント初期研修用資料　医療とコミュニケーションについて』オーム社

Allbritton, D. W., G. McKoon & R. Ratcliff (1996) Reliability of prosodic cues for resolving syntactic ambiguity. *Journal of Experimental Psychology: Learning, Memory, and Cognition* 22, 714-735.

Epley, N., B. Keysar, L. Van Boven & T. Gilovich (2004) Perspective taking as egocentric anchoring and adjustment. *Journal of Personality and Social Psychology* 87, 327-339.

Epley, N. & J. Kruger (2005) When what you type isn't what they read: The perseverance of stereotypes and expectancies over e-mail. *Journal of Experimental Social Psychology* 41, 414-422.

Epley, N., C. K. Morewedge & B. Keysar (2004) Perspective taking in children and adults: Equivalent egocentrism but differential correction. *Journal of Experimental Social Psychology* 40, 760-768.

Keysar, B. & A. S. Henly（2002）Speaker's overestimation of their effectiveness. *Psychological Science* 13, 207-212.

Keysar, B., S. Lin & D. J. Barr（2003）Limits on theory of mind use in adults. *Cognition* 89, 25-41.

Kraljic, T. & S. E. Brennan（2005）Prosodic disambiguation of syntactic structure: For the speaker or for the addressee? *Cognitive Psychology* 50, 194-231.

Savitsky, K., B. Keysar, N. Epley, T. Carter & A. Swanson（2011）The closeness-communication bias: Increased egocentrism among friends versus strangers. *Journal of Experimental Social Psychology* 47, 269-273.

Wu, S. & B. Keysar（2007）The effect of information overlap on communication effectiveness. *Cognitive Science* 31, 169-181.

引用文献

リアン・ホリデー・ウィリー(二〇〇二)『アスペルガー的人生』東京書籍
ドナ・ウィリアムズ(二〇〇〇)『自閉症だったわたしへ』(新潮文庫)新潮社
グニラ・ガーランド(二〇〇〇)『ずっと「普通」になりたかった。』花風社
テンプル・グランディン(一九九七)『自閉症の才能開発――自閉症と天才をつなぐ環』学習研究社
小道モコ(二〇〇九)『あたし研究――自閉症スペクトラム~小道モコの場合』クリエイツかもがわ
佐々木正美(二〇一〇)「母子の手帖　第3回　自閉症スペクトラムの子どもに寄せて」『暮しの手帖』第4世紀46号6－7月号(「佐々木正美コラム：響き合う心」http://blog.livedoor.jp/budouno_ki/archives/51358232.html に転載されている)
高橋紗都・高橋尚美(二〇〇八)『うわわ手帳と私のアスペルガー症候群――10歳の少女が綴る感性豊かな世界』クリエイツかもがわ
俵万智(一九八九)『サラダ記念日』(河出文庫)河出書房新社
スティーブン・ピンカー(一九九五)『言語を生みだす本能(上・下)』(NHKブックス)日本放送出版協会
村上由美(二〇一二)『アスペルガーの館』講談社
ウェンディ・ローソン(二〇〇一)『私の障害、私の個性。』花風社
YANBARU「意味不明な人々――発達障害(ADHD、アスペルガー)と人格障害に取り組む」http://blog.m3.com/adhd_asperger_etc/20080204/1

おわりに——コミュニケーションは失敗して当たり前

本書をお読みになって、「コミュニケーションを成功させるヒントはもっとないの？」と思われた方がいるかもしれません。そう思われた方には酷かもしれませんが、本書を通して私がお伝えしたかったことのひとつめは、コミュニケーションは本来なかなか１００パーセントは成功しないものだということです。

私たちの言語能力も、心を理解する能力も、進化の結果そなわった人間の生物的な特徴だと考えてよいでしょう。会話を中心とした私たちの日常的な言語コミュニケーションは、これらの能力に支えられています。しかしこれらの能力はコミュニケーションの成功を保証するものではありません。

本書をお読みくださった方はもうおわかりかと思いますが、ことばの意味と話し手が意図した意味との間にはギャップがあって、それを埋めるためのプロセスはなかなか複雑なものです。加えて人間の脳は情報処理のときに効率性を優先する傾向があります。それがコミュニケーションにマイナスに働くことも少なくありません。そういうわけでコミュニケーションがうまくいかないことはごく当たり前のことだと言えます。

それでも悲観的になる必要はまったくありません。コミュニケーションが失敗する理由はかなりの程度、予測可能だからです。本書で私がお伝えしたかったことのふたつめは、このことです。最後まで読んでくださった方は、すでにそのような予測ができるのではないかと思います。そして自分のコミュニケーションの失敗にいち早く気づき、対処することが可能になれば、100パーセント成功とは言えなくても、より「納得できる」コミュニケーションができるようになるはずです。

さて、この本を読んでくださった方にお願いがあります。ぜひ社会の中で育つ子どもたちのことばと心の発達に、それぞれのできる範囲でお力添えいただきたいのです。本書でも触れたように、コミュニケーションを支える能力が発達するためには社会的な環境が不可欠です。言語能力も、心を理解する能力も、どのくらいの年齢で、どのくらいの発達をするのかは生物的にほぼ決まっていますが、周囲の人との会話がなくてはそれらの能力は育ちようがありません。子どもはまず母親を含む家族の中で育ちますが、その後、保育園、幼稚園、学校を含む家族以外のさまざまなコミュニティへと社会環境が広がります。それぞれの発達段階に、それぞれの社会環境でどのような会話をどのくらいしたのかが、子どもの言語能力、心を理解する能力の発達に大きな影響を及ぼします。その意味で、家庭や教育現場はもちろん、すべてのコミュニティで子どもが経験する会話の質と量が大変重要となります。子どもと過ごす時間の長い親や教師はもちろんですが、そうでない方も、それぞれのコミュニティで接する子どもたちと質の高い会話を楽しんでいただきたいのです。それが次世代を担う日本人のコミュニケーション力を育てることにつながると思うからです。

アメリカでの研究ですが、2歳から4歳の子どもをもつ275家庭の5日間の会話をすべて録音し、親子の会話、親からの一方的な話しかけ（絵本の読み聞かせなど）、テレビやビデオの語りに分類してそれぞれの頻度を出し、それと子どもの言語発達との関連を見たものがあります。親からの一方的な話しかけよりも、親子の会話のほうが子どもの言語発達に6倍も効果があることがわかったそうです。テレビやビデオを見ることも、子どもの言語発達に直接悪い影響はなかったものの、テレビやビデオを見せることで、親子の会話の機会が減ってしまうことによる悪影響があることがわかりました。もちろん会話は頻度だけでなく、中身も重要です。本書では紹介できませんでしたが、親子で自分や他人の気持ちについて会話をすることが子どもの心の理解を促進することを、複数の研究結果が示しています。

小さいお子さんをもつ働くお母さんの多くが、子どもと一緒に過ごす時間が必然的に少なくなることに、やるせなさを感じていらっしゃるのではないかと思います。私もその点、心の中で子どもに「ごめんね」を言わない日はありません。ただ、一緒に過ごす時間が短い分、子どもの変化を新鮮にしかも強烈に感じとることができるという利点があると思います。回数は少なくても、子どもの送ってくるメッセージのひとつひとつに丁寧に心を込めて対応していくなかで、母親自身の気持ちを子どもに確実に伝えていくことは、子どもの心の成長に必ずプラスになるはずです。私自身が母親なので、母親中心の書き方をしてしまいましたが、同じことは父親と子どもの会話にも言えるように思います。
語用障害についての新しい取り組みからも、乳児のころの超早期療育によって、子どもたちのコミュニケーションの困難が大幅に改善されることがあることがわかってきました。日本では佐賀県で服巻智子先生が中心になって取り組んでおられます。この超早期療育の中心になるのも家庭でのコミュニケーションのようです。本書でも触れたように、コミュニケーションには言語や心の理解といった認知能力だけではなく、相手への興味や、共感することの心地よさなど、相手とのやりとりそのものを求める気持ちが重要です。その気持ちを育むのが家庭でのコミュニケーションであることは、語用障害をもつ子どももそうでない子どもも同じだと思います。

本書の出版までには、たくさんの方にお世話になりました。まずこれまで研究に直接間接にご協力くださった方々に感謝を申し上げたいと思います。大学院のとき、発話理解に不可欠な推論という、一見つかみどころのないものを科学的に研究する道を示してくれたディドリー・ウィルソン先生とダン・スペルベル先生に。コミュニケーションの発達研究の重要性とその方法を共同研究から教えてくれたマイケル・トマセロ先生に。本書で紹介した研究の共同研究者である東條吉邦先生、藤野博先生、内海彰先生、定藤規弘先生、ピーター・マッキャグ先生、山本多恵子さん、三浦優生さん、中村太戯留さんに。本書の原稿を読んでコメントをくださった岡本真一郎先生に。子どもの発達支援に基礎研究が重要であることをご理解くださり、いつも温かいご支援ご協力をいただいた武蔵野東学園の先生方に。そして発達調査にご参加くださったたくさんの子どもたちと保護者の方に。

最後に、本書の執筆そのものを支えてくださった方々にも心からお礼を申し上げます。本書の企画から最後まで常にサポートくださり、同年代の子どもをもつ母親としても貴重なコメントをたくさんくださった浜門麻美子さんに。いつも機転を利かせて研究室のコーディネートも息子の相手も引き受けてくださった近藤しをりさんに。幾度となく息子を預かってくれ、息子とたくさんの会話をしてくれた両親に。生活面、精神面で常に支えてくれた夫と、いつも楽しい会話と笑顔で叱咤(「ママ、呼んだのになんですぐ返事しないの!」)と激励(「サメは強いけどサメを食べるママはもっとすごい」)をくれた息子に。

二〇一三年五月

松井 智子

松井智子
中央大学文学部教授．
1987年早稲田大学教育学部英語英文学科卒業．1988年ロンドン大学ユニバーシティカレッジ文学部英文科修士課程修了，1995年同大学文学部言語学科博士課程修了（言語学博士学位取得）．国際基督教大学，京都大学霊長類研究所，東京学芸大学を経て，2021年より現職．専門は認知科学，語用論．
著書に *Bridging and Relevance*（John Benjamins，市河賞受賞），『霊長類進化の科学』（分担執筆，京都大学学術出版会），『ソーシャルブレインズ』（分担執筆，東京大学出版会），『ミス・コミュニケーション』（分担執筆，ナカニシヤ出版）ほか．

〈そうだったんだ！ 日本語〉
子どものうそ，大人の皮肉
——ことばのオモテとウラがわかるには

2013年6月25日　第1刷発行
2022年4月15日　第5刷発行

著　者　松井智子《まついともこ》

発行者　坂本政謙

発行所　株式会社 岩波書店
〒101-8002 東京都千代田区一ツ橋2-5-5
電話案内 03-5210-4000
https://www.iwanami.co.jp/

印刷・製本　法令印刷

ISBN 978-4-00-028624-4　　Printed in Japan